ちくま新書

持続可能な交通まちづくり

——欧州の実践に学ぶ

宇都宮浄人
Utsunomiya Kiyohito
柴山多佳児
Shibayama Takeru

JN259878

1824

持続可能な交通まちづくり——欧州の実践に学ぶ

【目次】

第4章　持続可能性とはなにか　091

はじめに

地方都市の中心市街地の衰退が語られるようになって久しい。人口減少や高齢化が指摘されるが、それなりに人口集積のある県庁所在地クラスの都市でも、駅から少し離れた中心街はシャッター通りという姿が当たり前だ。地方圏、あるいは大都市圏でも周辺部に住む人の多くは、自家用車を移動手段とするようになり、郊外の大型ショッピングセンターで買い物をするようになった。

都市が郊外に無秩序に広がると、道路整備からごみの収集まで行政コストがかさむ。政府も街のコンパクト化という方向性を打ち出しているが、郊外化の勢いは止まる気配がない。大型ショッピングセンターのある街のほうが、生活利便性が高く、居住満足度も高いという調査結果もある。[1]

一つの要因は、自家用車の利便性である。好きな時に好きな場所に、天気にも左右されず、重い荷物も気にせずに出かけられる。郊外のショッピングセンターであれば、大型駐車場も完備しており、自家用車を停める場所の心配もいらない。

しかし、それだけではない。最近の郊外の大型ショッピングセンターでは、広い敷地をぶらぶら歩きながらショッピングができる。しかも、道も直線的ではなく、歩いていて楽しい。子どもたちが走り回っても、ショッピングセンターの中に自動車は来ないので、安全だ。高齢者や歩くことに障がいがある人も、買い物を楽しめる。エスカレータやエレベータが完備され、センターの中で移動できるカートが用意されているところもある。近年流行りの言葉でいえば、ウォーカブルな街が実現しているともいえる。

一方、本来の街に行くと、古い城下町であっても、駅前を降りると寂しいシャッター通りが続き、お城や有名な寺社仏閣の周りに、忽然とそこだけ観光客があふれている。そして、振り返ると街の真ん中には、せっかくの歴史的景観を遮るように広大な駐車場がある。そこに、地元の市民が歩く姿はない。

市民が幸せを感じるウォーカブルな街を、バイパス沿いの建物の中に、箱庭のように作るのではなく、実際の街中に地に足着いた形でできないものだろうか。そうすれば、その都市に蓄積された歴史や文化とも一体となったコンパクトなまちづくりも可能になる。ショッピングセンターにはない個性的な個人商店があれば、地元の市民も外来の人も、もっと豊かな暮らしを感じるに違いない。

実際、大都市圏の下町では、駅前商店街ににぎわいが残り、人と人がふれあいながら、買い物をする姿がある。街角のカフェや居酒屋も、地元の人でにぎわっている。そんな下町散歩は、テレビでも取り上げられ、わざわざそこの総菜を買いに他所から訪れる人も多い。

この違いは何か。筆者らが着目するのは、交通である。大都市圏は、鉄道が発達しており、日常の生活の足として多くの人が利用している。一方、地方圏は、自家用車への依存が加速し、それと反比例する形で公共交通が衰退した。

そもそも、自家用車は便利であっても、自家用車を運転できない人を排除してしまう。高齢者は引きこもっている。加えて、地球温暖化などの環境を考えたとき、今までのような形で自家用車に依存することはできない。電気自動車に代替しても、ライフサイクルコストを考えれば、今の自家用車をそのまま代替したときの環境負荷は大き過ぎる。言い換えれば、自家用車に頼りすぎない移動、具体的には、公共交通から自家用車、自転車、徒歩までを含むモビリティ（移動可能性）の設計をしっかり行うことが求められている。また、そうした設計によって、交通手段に多様な選択肢があれば、ショッピングセンターの中に閉じ込めることなく、本来の街に、ウォーカブルで生活の質（Quality of life ― QOL）の高い街をつくることはできるのではないか。

写真1　家族連れでにぎわうポーランド南部ヴロツワフの中心部。

実際、選択肢のある豊かさをつくりあげてきたのが、欧州の諸都市である。本書は、オーストリア在住の柴山とオーストリアで一年半の生活経験がある宇都宮の共著だが、日本とオーストリアの大きな差の一つが、地方都市の賑わいである。人口五万人もいれば、中心市街地には街中の広場とそこにつながる歩行者専用道路があり、老若男女が思い思いにショッピングや街歩きを楽しみ、広場や道に張り出したカフェで一息ついている。人口一〇万人以上ぐらいになると、移動手段として、スタイリッシュでバリアフリーの路面電車が歩行者空間に乗り入れている。街中は自家用車が来ないので、あたかもショッピングセンターの中と同様、子どもたちも走り回っている。違いは、自然に植えられた街路樹が豊かなことだ。日本から視察団と一緒

写真２　街路樹や花壇、カフェのテラスが並ぶオスロの中心部。

に行くと、一同、うらやましがるウォーカブルな光景である。

同時に、視察団一同がさらに驚くのは、そうした広場や歩行者空間が、以前は普通に自動車が走り、広場が自動車の駐車場になっていたという事実である。石造りの古い建物は欧州ならではの光景だが、そうしたウォーカブルな街は、決して欧州の伝統的な光景ではない。

欧州は、日本よりも早くも自家用車が普及したが、持続可能なまちづくりにもいち早く取り組み、そのツールとして交通を位置づけてきた。「交通まちづくり」である。持続可能性という言葉は、第四章で詳しくみるように一九八七年に出された国連の「環境と開発に関する世界委員会」の報告書、いわゆる「ブルントラント報告書」で一気に広まったが、一九九八年に発表された『イギリスの『交通白書（A new deal for transport: better for everyone）』では、序章の次の第2章で、ブルントラント報告書を引用しながら、「持続可能な交通」とは何かを規定し、新たな交通政策、「ニューディール」を提案した。

我々は、より多くの就業機会と強い経済のための政策を支え、さらなる繁栄と社会的排除を阻止する交通システムを必要としている。同時に、将来世代に貧困を転嫁することなく、健康を害さずより高い生活の質を一人一人に提供するような交通システムを必要としている。これこそが、持続可能な交通の意味するところであり、ニューディールを必要とする所以である。[2]

こうした考え方は他国も同じで、イギリスのほか、フランスやドイツなど欧州の先進国では、各都市が地域の交通まちづくり計画を策定した。とりわけこの時期、一度は自動車の邪魔として撤去した街中の路面電車を再び導入し、街の空間再編と併せて公共交通が整備された。今日では、そうした各国の都市交通計画をベースに、欧州委員会から、「持続可能な都市モビリティ計画（Sustainable Urban Mobility Plan）」、いわゆるSUMP（サンプ）という指針が提示され、交通まちづくりのベースになっている。

これに対して、民間ビジネスで公共交通を運営できた日本は、大都市圏や都市間鉄道で優れた公共交通を作り上げてきたため、地方圏においても、公共交通の有用性を収益面から判断するという思考が定着している。さらに、都市計画やまちづくりと公共交通は整合性が取れていない。むしろ、人口減少と自家用車の普及により、地方圏では、公共交通の収支が悪化してサービスの削減につながり、さらなる公共交通離れと自家用車依存を加速させている。

今世紀に入ると、国をはじめ、地方自治体、事業者がそれぞれ新たな道を模索し始めた。地域公共交通の活性化及び再生に関する法律（二〇〇七年、以下、地域交通法）、交通政策基本法（二〇一三年）を成立させ、国土交通省は都市・地域総合交通戦略などを通じて、交通とまちづくりの一体化を進めようとしてきた。コロナ禍を経て地域交通法は二〇二三年に再改正され、法律の目的規定において「地域の関係者」の「連携と協働」が追加された。地域の関係者が交通の問題に主体的に取り組むという方向性は、交通が運輸事業者のものではないということを示している。

それでも、日本では、交通とまちづくりの間にはまだかなりの距離がある。二〇二一年に策定された第二次交通政策基本計画に書かれている「新たに取り組む政策」の最初の項目は「地域公共交通の持続可能性の確保」とある。ここで「持続可能性」が出てくるが、先に述べたイギリスの交通白書ほかで用いられてきた「持続可能性」とは意味が違う。日本でもSDGs（持続可能な開発目標）は知られるが、交通の世界では、交通事業が「将来に渡り維持される」程度の意味でしかない。国土交通省ほか、さまざまな文書で「持続可能な交通」ということが語られるようになったが、持続可能性ということの本質的な意味を棚上げにして、矮小化された意味で使われているというのが、正直な印象である。これでは、人々の生活の質や社会全体の幸せという話と交通が結びつかない。

人間の生活には、移動が不可欠である。持続可能性が求められる今日、交通まちづくりによって、公共交通はもちろん、自転車、徒歩にも優しい街をつくり、自家用車以外の移動の選択肢を増やすことが、誰もが分け隔てなく社会参加できる、豊かでQOLの高い社会の実現につながるに違いない。欧州における取組みを見てきた筆者らは少なくともそう考えている。

日本の場合、現在の課題として、人口減少、高齢化の加速を挙げる地域は多い。しかし、当面の人口減少は避けられず、また、人口減少がそのまま地方消滅に直結するわけではない。そもそも、欧州の活気ある地方都市は、日本の地方都市に比べて、総じて人口は少ない。重要なのは、高いQOLと持続可能性である。

そこで、本書では、交通という切り口から、以下のような構成で議論を進める。第1章では、移動の選択肢が増えることで、まちの姿が変わり始めた日本の地方都市を紹介し、第2章では、海外の事例としてオーストリアの小さな州の劇的な変化とそこでの暮らしぶりを描写する。第3章では、そうした変化がどうして可能だったのか、州が行った計画、実践を詳しくひも解く。第4章と第5章では、国内外の交通まちづくりの基底にある持続可能性の意味を改めて整理し、持続可能な社会を目指すためになぜモビリティが重要なのかを考察する。先に述べたとおり、「持続可能性」という用語を、単なる事業の継続程度の意味で使うことの問題点も明らかにする。第6章では、欧州連合が二〇一三年にこれからの交通まちづくりの指針として示した持続可能な都市モビリティ計画、SUMPについて、二〇一九年の第二版に基づき、そのポイントを紹介する。第7章では、持続可能な交通まちづくりを進めてきた欧州から、日本が何を学ぶことができるのかを考える。むろん、欧州の先進事例をそのまま日本に適用できるわけではない。しかし、良いところを学ぶことで、日本の元気を取り戻すことは可能である。第8章では、本書の議論を総括し、これからの日本の課題と戦略、進むべき方向性を考える。

1 宋(二〇二二)参照。
2 Department for Transport, Local Government and Regions (1998)

第1章　モビリティが支える豊かな生活

本章では、まず、交通まちづくりを実践し、そこに暮らす人々の生活が変わりつつある実例を見ていこう。どのような都市にも課題はあり、交通まちづくりだけでバラ色の将来が実現するわけでないが、「はじめに」で述べた、自家用車以外の選択肢がある豊かな街、ウォーカブルな街が具体的に姿を現している。

1　宇都宮市――ライトレールがもたらした変化

†宇都宮ライトレール開業

二〇二三年八月、宇都宮市でＬＲＴ（Light Rail Transit：次世代型路面電車）が開業した。宇都宮駅から中心市街地とは反対の東に向かい、隣の芳賀町《はがまち》までを結ぶ一五キロの路線で、

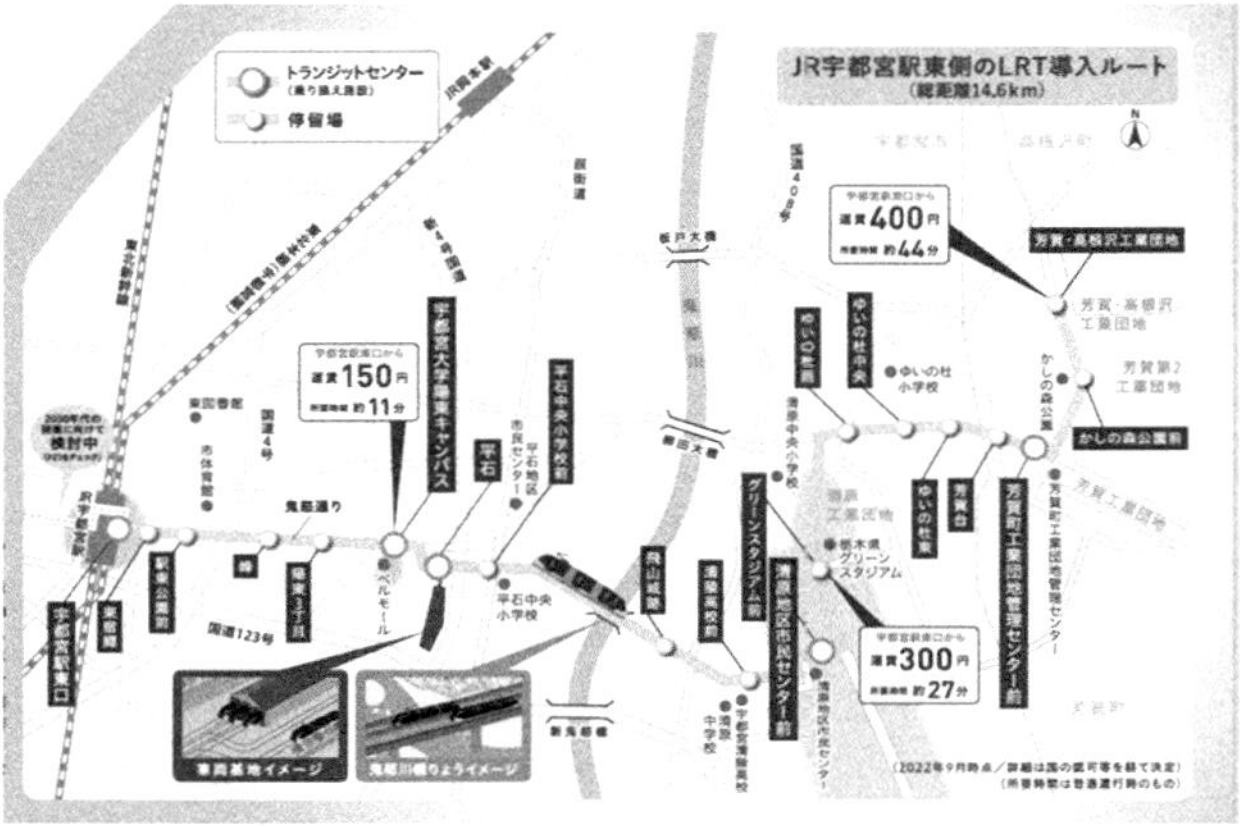

図１－１　宇都宮ライトレール路線図
資料：Movenext 宇都宮「LRT START BOOK」16 頁の路線図を加筆修正

鉄軌道のなかった場所に、一からＬＲＴを新設した最初の事例となる（図１－１）。

宇都宮市は、人口五一万人、栃木県の県庁所在地である。宇都宮市は街の発展とともに、環状道路の積極的な整備を行ってきたが、ご多分に漏れず、都市は郊外化し、一方で中心市街地は衰退した。宇都宮市のシンボルである二荒山《ふたあらやま》神社の前の中心部には、かつては上野百貨店、福田屋百貨店といった地元資本の百貨店に東武、西武と電鉄系の百貨店が並んだが、今では東武百貨店以外は撤退し、アーケード街のオリオン通りもにぎわいを失った。後発で駅前にできた百貨店も家電量販店になった。

都市全体が車社会となる中で、新たな交通の導入が議論になったきっかけは、市東部および隣接する芳賀町の工業団地に向かう道路渋滞である。途中には鬼怒川にかかる橋があり、交通量が特定の道路に集中するためだが、根本的な問題は二万人を超える人が自家用車で通勤することであった。渋滞を避けるために、朝六時に家を出るという人も多く、また、何とか勤務先にたどりついても、通勤の自家用車が多いために、駐車場から実際の職場のあるところまでの移動にも時間がかかった。自家用車以外の人もいるが、そうした人の多くは会社による送迎バスでの移動で、出勤時と退勤時でそれぞれ片方向の輸送となる送迎バスを各会社が負担して走らせるという非効率な通勤輸送も問題であった。

そうした中で、宇都宮市は一九九〇年代から、渋滞対策として新たな交通システムの検討を開始した。その際、この頃から欧米で脚光を浴びていたLRTの導入という話になり、工業団地のある東部から、旧市街の駅の西側までを結ぶ計画が具体化した。LRTは、路面を走るため、渋滞解消に加え、中心市街地を活性化するまちづくりのツールとして位置付けられた。

もっとも、開業までの道のりは紆余曲折があった。二〇年以上かかったプロジェクトの経緯は、それだけで一冊の本になってしまうが、ごく簡単に整理すると、道路上を走るということでかえって渋滞を悪化させるという懸念する声がある中、LRTと競合することを嫌う既存のバス事業者、LRTを進めようとする与党に対抗する政治家、そして公的資金を使うことに対するＬＲＴ沿線外の市民が、それぞれＬＲＴの建設に反対したことである。当時、テレビインタビューを受けた「ＬＲＴに反対する会」の市民の一人は「一軒の家族に三台も四台もクルマがある生活を何十年もしてきているわけなんです」と語った。[1]素直な市民感情だったのかもしれない。

ただし、バス会社が、ＬＲＴは競合するのではなく、むしろバスと補完しあうことで公共交通全体が便利になり、自家用車からの転換を促せるということでＬＲＴに理解を示すと、流れは変わった。二〇一三年、宇都宮市が「東西基幹公共交通の実現に向けた基本方針」を策定し、宇都宮駅東側区間を優先的に取り組むことを正式に決定すると、一般市民も含め、ＬＲＴを軸とする新たな交通まちづくりへの期待が高まった。そして、二〇一五年、宇都宮市と芳賀町が合わせて五一％を出資する宇都宮ライトレール株式会社が設立され、八年かけて開業にこぎつけた。

†小学校が新設されたライトレール沿線

ＬＲＴの建設が決まると、その時点から街が変わり始めた。「ＬＲＴ停留場徒歩一分！」をうたうマンションが即座に完売し、ＬＲＴ沿線に事務所を移す事業者も現れた。沿線で開発されたゆいの杜《もり》の住宅地には、宇都宮市にとって二六年ぶりの小学校新設ということまで起きた。ゆいの杜に住む子育て中の女性の声として、「子どもたちが大きくなったときの進学先も、JRの駅前だったり、都心方面だったり、さまざまな学校に行けるようになると思います」[2]と報道されたが、まさにLRTという存在が人を呼び込んでいると言える。

写真3　にぎわいが生まれた宇都宮駅東口

二〇二〇年には、宇都宮市の地価のトップが中心市街地の宇都宮駅西側ではなく、LRTの開業する駅東口になるという現象も起こり話題となった。街中の地価が上昇すれば、固定資産税など市の税収増にもなる。宇都宮駅の東口は、かつては寂しい駅裏であったが、LRTの開業に先立ち、ホテルをはじめとする再開発が行われた。開業後は、実際に多くの人が行き交うようになり、地元の人からも驚きの声が聞かれている。

このほか、開業後、親の送迎からLRTの通学に切り替えた高校生のこともニュースになっている[3]。沿線の宇都宮清陵《せいりょう》高校は全生徒のうち、四分の一がLRTで通学し、星《ほし》の杜《もり》中高は、ほぼ三分の一の生徒がLRTを利

写真４　宇都宮ライトレールを前に記念写真を撮る親子

用しているという。星の杜中高は電停から三キロ離れており、電停と学校の間にバスを走らせているが、そうしたバスを組み合わせることもできるところも、時刻が正確で交通手段として信頼できるＬＲＴならではであろう。中高生の高校野球観戦が増えたという話もある。[4] お出かけ手段として、親のクルマに頼らず自由に行動ができるということは、中高生も嬉しいはずである。小学生の社会科見学、幼稚園、保育園の園外活動の利用も多いらしい。開業後一年の時点では、平日は予測のおおよそ一・三倍の一日約一・六万人、土日祝日は見込みの二・五倍にあたる約一・一万人が利用した。収益面でも期待以上の結果である。[5]

†市民参画とライフスタイルの変化

ＬＲＴの沿線に住む市民は、宇都宮市全体でみればごく一部かもしれない。しかし、沿線には大学や高校もあり、学校選択の幅は広まった。また、ＬＲＴという新たな交通手段は、まちづくりの一つのシンボルとなり、ＬＲＴの愛称や駅の名前の公募、デザインの投票など、沿線外の人も含め、多くの市民が関与した。愛称「ライトライン」は、四万人の投票から決まったもので、雷の多い宇都宮市「雷都」に、ＬＲＴ（Light Rail Transit）のライトを掛け合わせるとともに、「光」「明るい」という意味もこめてラインと組み合わせ、「未来への光の道筋」といったメッセージも込めた愛称だという。

　ライフスタイルも変化している。ＬＲＴの新設と合わせてパークアンドライド駐車場もかなり整備された。当初、自家用車での移動に慣れた地方都市の人が、乗り換えの手間をかけて利用するのか心配する向きもあったが、実際に開業すると、むしろ「駐車できない」という苦情も来るほど使われており、早速宇都宮市が、駐車場増設の検討を進めている。開業一カ月の時点で、ＬＲＴ沿線の道路交通量の減少も報告されており[6]、自家用車だけの移動から公共交通にシフトが始まっていることは確かであろう。

　現時点で、ＬＲＴの効果を判断するつもりはない。街が本当に変わるのは、駅の西側のアーケード街の方にまでＬＲＴの路線が伸びてからかもしれない。交通まちづくりが市民に真に豊かな生活を提供できるかどうかは、今後にかかっている。当初はＬＲＴの導入を懸念していた駅の西側も、今ではＬＲＴの早期着工に向けて動きを活発化させており、二〇二三年末には、宇都宮駅西口周辺の再開発に向けて、宇都宮市は関係者を集めた懇談会を設置、議論を開始した。

開業式の日に目を輝かせて電車に乗った子どもたちがこれからのまちづくりの担い手となる。自家用車の普及とともに育った旧世代とは、違う街になるだろう。少なくとも、LRT導入ということをきっかけに、市民がさまざまな活動に関与し、実際にライフスタイルを変え始めている。それは「クルマがなければ暮らせない」かつての街とは違い、地方都市でのライフスタイルの選択肢を増やし、生活の質を高めているように思える。

2　富山市――公共交通がライフスタイルを変えた

†「お団子と串」のまちづくり

交通まちづくりという点で、既に実績があるのは富山市である。新幹線を降りて改札を出ると、床面にガラス細工が施されて光るフロアシャンデリアの駅構内を挟んで正面に、路面電車の電停がある。ひっきりなしに来る路面電車に乗り込めば、市内中心部にも行けるし、富山大学にも行ける。路面電車が駅の高架下を横切るようになった二〇二〇年の南北直通時に、駅前には商業施設ができて、新たな人の流れも生まれた。富山市の旧来の中心市街地は総曲輪《そうがわ》で、路面電車で一〇分足らずのところにある。こちらも一時期はかなり人出が減っていたが、商店街の真ん中にあるグランドプラザでは、毎日のように何かしらの催しも行われている。地方都市の多くが閑散としているのに対し、駅前、中心部ともににぎわいを見せている都市は珍しい。

富山市が、交通まちづくりを進めたのは二〇〇〇年代半ばからである。富山県は、富山平野を中心に市街地が薄く広がり、自家用車への依存度は高い。富山県の一世帯当たりの自家用乗用車の台数は一・七三台（二〇〇五年）と全国二位で、富山市も無秩序な郊外化が進んだ。これに対し、市は何もしないと二〇〇五年時点に比べ二〇年後の二〇二五年には都市施設の維持管理費が一二％増加するという試算を発表した。街が広がれば、ごみ収集から下水道管理、北陸の場合は除雪なども加わり、行政費用が増加する。そこで、富山市はコンパクトシティ戦略を打ち出した。ただし、富山市の戦略の真骨頂は、公共交通を軸（「串」）として、いくつかの拠点（「団子」）を形成する「お団子と串」のまちづくりを掲げた点である（図1－2）。

富山市は、既存の鉄軌道の路線ネットワークが発達していたこともあって、まず、既存の鉄軌道を「串」として活かすべく、廃止が検討されたＪＲの一支線、富山港線を引き継

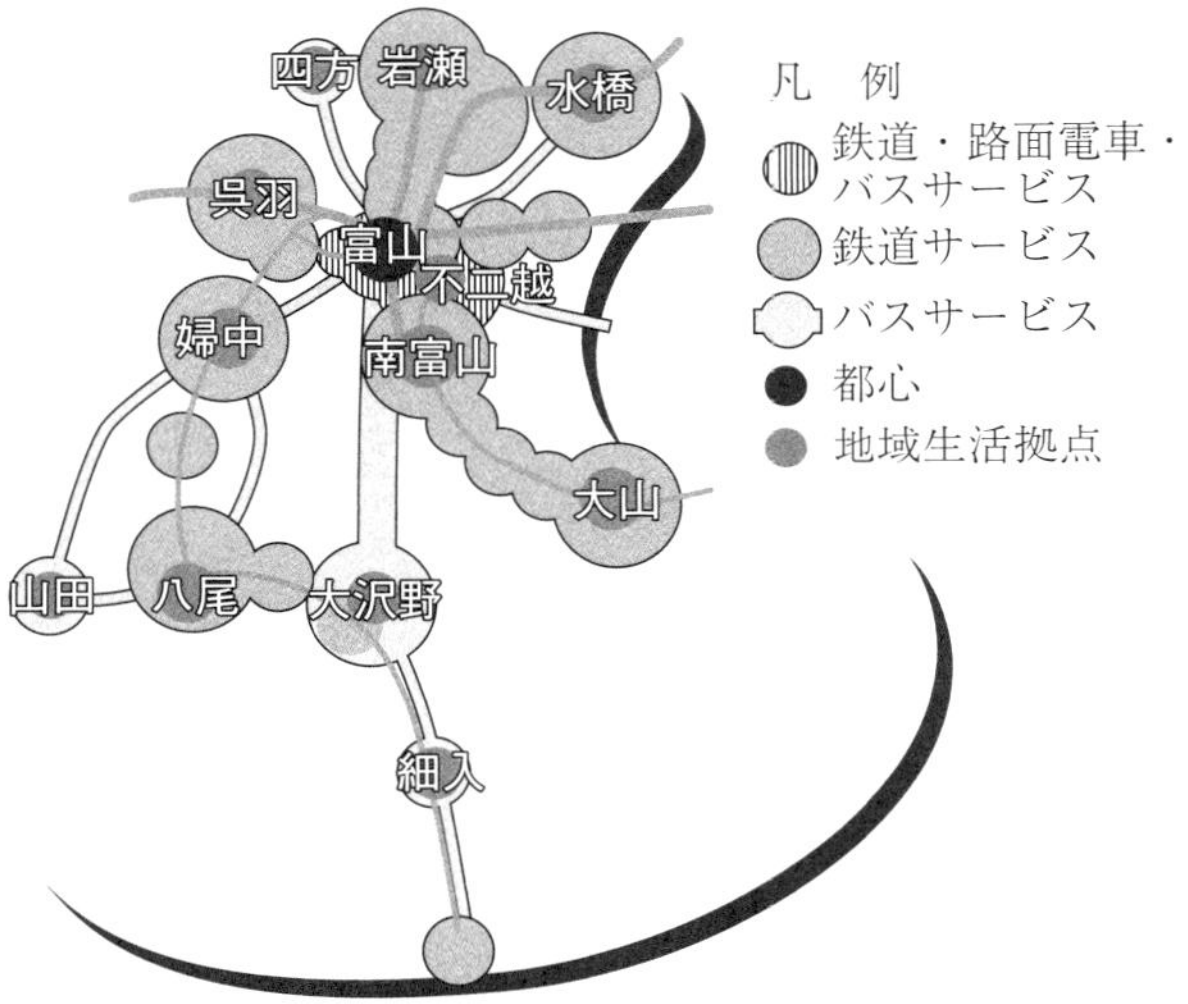

図１－２「お団子と串」のまちづくりイメージ
資料：富山市（2023）「富山市都市整備事業の概要」を基に作成

いだ。そのとき、単にローカルな路線を維持するということではなく、二〇〇六年四月に、市も出資する第三セクター会社、富山ライトレールによって、全面バリアフリーのLRT（ポートラム）を開業させたのである。富山ライトレールは、施設や車両も全面的に入れ替えたほか、運行頻度を四倍程度に大きく増やし、同時に沿線のバス路線を再編して、富山ライトレールに接続する支線（フィーダバス）を整備した。しかも、単なる移動手段としてではなく、街のデザインも意識したトータルデザインというコンセプトで、LRTイコール都市の装置であるというイメージを印象づけた。

さらに富山市は、二〇〇九年一二月には既存の路面電車を運行している富山地方鉄道の市内線の利便性を高めるために、市が〇・九kmの線路の敷設を担うことで、環状線（セントラム）を開業させた。施設や車両は市が建設・所有し、運行は富山地方鉄道が担う「上下分離」方式である。そして、二〇二〇年、北陸新幹線の高架下の直通運転が実現すると、路線全体が富山地方鉄道の運行となり、富山市内と富山港線（旧富山ライトレール）を結ぶ現在のLRTネットワークができあがった。富山港線から市内に入り、環状線をぐるりと一周して富山港線に戻る系統もある。

写真５　富山港線から市内に直通する富山のLRT

†公共交通利用を促すアイディア

富山市の交通まちづくりは、もちろんLRTだけではない。バスについては「おでかけ定期券」を発売して高齢者が一〇〇円という破格の運賃で市内各所から中心市

写真６　家族連れでにぎわうJR富山駅前、市内電車は新幹線の高架下に入る

街地にアクセスできる形にし、これを富山地方鉄道の鉄道線、富山市内線、富山ライトレールにも利用範囲を広げた。ＪＲの路線である高山本線にも、富山市が自らの資金で列車の増発を行い、新駅の設置も行った。当初、増発は社会実験として行われ、駅も仮設であったが、そうした実験をその後具体化し、増発区間を見直しつつも、一定の運行本数を定着させ、新駅は婦中《ふちゅう》鵜坂《うさか》駅という正式な駅となった。駅付近には新たに住宅が建ち、高山本線の利用者も増えている。さらに、交通以外にも、中心市街地への居住誘導策としてマンション業者の建設補助、住宅取得者への補助や高齢者施設の公共交通沿線での建設など、まさに交通政策と関連させながら都市計画を進めてきた。

富山市が繰り出す公共交通を活用したまちづくりの施策のアイディアは尽きない。ユニークなものでは、指定の花屋で花束を買うと市内電車等の運賃が無料となる「花トラム事業」といったものもある。市内のホテルに泊まるとＬＲＴの路線に使える共通割引券が配布されるのもありがたい。一見、小さなことでも、こうしたチケットがあれば、単に目的地に行くのではなく、路面電車に乗ってぶらりと出かけることになり、これが街のにぎわいとなる。

†公共交通でライフスタイルが変化

富山市では、富山ライトレールの利用者が、以前のJRの一支線であった時代に比べ、平日は二倍以上、休日は三倍以上となったが、そうした新たな施策によって、既存の富山市内の路面電車の利用者もV字回復した。筆者が以前富山ライトレール沿線で行った調査では、「自家用車に乗る回数が減った」、「観劇・スポーツなど娯楽に行く回数が増えた」など、半数以上の回答者が、自分の行動に変化があったと答えた。[7] とりわけ、七〇歳以上は二割以上が、「気分転換に外出する機会が増えた」という回答を寄せた。公共交通の改善で利用者が増加したことが、街中に人を呼び戻すきっかけになっている。二〇二〇年に富山ライトレールが富山地方鉄道に一体化され、南北の直通が始まると、コロナ禍にもかかわらず、南北を跨ぐ形での路面電車の利用は、平日で二・四倍、休日で二・六倍に増え、さらに、市民の二割が「交通手段が変化した」と回答している。[8] 変化の内訳をみると、そのうちの半分は自家用車からの転換だという。

このほか、筆者の富山ライトレールの調査では、他人との関係の変化も尋ねたが、その際、二割の人が「知人・友人と会う回数が増えた」と答え、また、富山ライトレールの開業後、「新たな知り合いが増えた」という答えも六％あった。七〇歳代の人は七％である。筆者は、こうした調査も一つの材料として、別途、公共交通がソーシャルキャピタルを醸成するという分析を行ったことがあるが、富山に引っ越した友人も、公共交通がしっかりしていることで、生活に安心感のようなものを感じるということを言っていた。富山市長を二〇二一年まで務めた森雅志氏は、シビックプライドが向上していることを、文字通り誇らしげに語っていた。市民が生活の潤いや豊かさを感じている証拠であろう。

3　ひたちなか市――鉄道は町のたからもの

†ローカル線の再生

宇都宮市、富山市の二つの例は、LRTというインパクトのある公共交通の導入があった。これに対し、ひたちなか市は、富山市同様、廃止を申請した鉄道を生かしたものではあるが、電化もされていない単線を走るローカル線が舞台装置である。こちらは、中心市街地の活性化に直結する路線でもない。けれども、筆者の調査と印象では、人口減少が続く小さな地方都市であっても、鉄道を通じて、そこに住む市民のQOLは改善していると感じる事例である。

ひたちなか市は、茨城県の中部に位置する人口一五万人の地方都市である。とはいえ、元来は勝田《かつた》市と那珂湊《なかみなと》市が合併した都市で、日立製作所などの大企業がある勝田地区に対し、漁港のある那珂湊地区は人口の減少が続く。以下では、この那珂湊地区と勝田地区を結ぶ第三セクター、ひたちなか海浜鉄道を取り上げたい。

茨城県も典型的なクルマ社会で、一世帯当たり自家用乗用車の保有台数は、一・六三台(二〇〇五年)と全国七位である。[9] かつてこの路線を運行していた茨城交通は、利用者の減少を理由に二〇〇五年に廃止を申請した。ひたちなか市に隣接する工業都市日立市の日立電鉄が廃止された頃で、日立電鉄の利用者の半分にも満たず、電化もされていない鉄道は、典型的ないわゆる「ローカル線」で、廃止は必至とみられていた。しかし、当時のひたちなか市の本間源基《ほんまもとき》市長は最初から最後まで鉄道存続の方針を貫いた。歴史ある真壁町《まかべまち》(現桜川市)が、鉄道の廃線とともに衰退した姿を、茨城県職員として勤務したときに目の当たりにしていた。最終的には、ひたちなか市が五一%を出資する第三セクター会社を設立して、二〇〇八年に茨城交通の路線を引き継いだ。

ひたちなか市でも注目すべきは、単に鉄道を存続させただけではないという点だ。鉄道会社の社長を公募し、富山県で鉄道の存続に尽力した吉田千秋氏を迎え、吉田社長のアイディアをサポートする形で、しっかりと鉄道のインフラを整えた。単線でも列車がそれなりの頻度で運転できるよう、途中の金上《かねあげ》駅に列車交換できる設備を整えたほか、新駅も二カ所設置した。国や県の補助金を使っているが、事業者負担分は市が負担している。

鉄道会社側も、列車本数の増加、終電の繰り下げ、JR線との接続の改善といった輸送面でのサービス改善を行うとともに、本社もある那珂湊駅での朝市の開催やさまざまなイベントの企画などで、外来の人も市民も、鉄道そして那珂湊の街に呼び込んだ。二〇一一年には東日本大震災によって路盤が流れるという被害に遭い、吉田社長は「鉄道としてやっていけるのだろうかという暗たんたる思いに陥った」というが、「『いつ元に戻るの？』、『早く直して』と復旧を待ち望む声が圧倒的に多かった」という。国土交通省の支援が決まらず先行きも読めない中、ひたちなか市議会は全会一致で復興支援金の前貸しを決めた。一年以上はかかるとされた全線運行再開を四カ月で成し遂げて再び鉄道が走り始めたとき、「ひたちなか海浜鉄道開通のときに比べてはるかに多くの方が、『全線復旧記念イベント』に集まった」そうだ。[10]

†統合学校を鉄道沿線に

小さな地方都市の悩みは少子化である。宇都宮市ではLRTの沿線に小学校ができたが、那珂湊地区は、一学年の数がどんどん少なくなる中で、学校統合を迫られた。このとき、ひたちなか市は、三つの小学校、二つの中学校を統合した九年制の学校「美乃《みの》浜《はま》学園」を、ひたちなか海浜鉄道のすぐ横の田んぼの中に建設し、新駅を作った。場所の選択にあたっては、当然さまざまな要素があったが、学校の統合で通学先が遠くなった生徒が鉄道で通学できるというのは、大きなポイントであった。二〇二一年四月無事に美乃浜学園が開校すると、通学定期券は、全面的にひたちなか市が負担することになったが、スクールバスの手配をするよりも一〇分の一以下の費用である。当初は親の中に不安を持つ人もいたと思うが、開校後九カ月で行った筆者の調査では、鉄道で安全に通学することに、親としての安心と

写真7　新しくできた美乃浜学園駅

図１－３　ひたちなか海浜鉄道路線図と延伸計画
資料：国土交通省（2021）「ひたちなか海浜鉄道㈱湊線の第一種鉄道事業許可について」記者発表資料より作成

いう価値を感じているようだ。[11]

通学する生徒自身も、日々働く鉄道マン／ウーマンの姿を見て生きた社会を学ぶ。筆者は、小学一年生として通学をした児童が、一年後の二〇二二年三月にひたちなか海浜鉄道に書いた手紙を見る機会があったが、そこには、「ありがとうございます」、「僕も頑張ります」という言葉に加え、「マナーを守ります」といったものもあった。大声を出して叱られたのだろうか。幼少期の生活環境のうち「クルマの利用習慣」が成人した後の「傲慢性」に正の影響を与えているという研究結果もある。[12] 自家用車であれば、大声で叱られることもないが、鉄道通学が公共道徳の学びにもつながっている可能性もある。さらに、毎日列車を使って元気に学校に通う子どもたちの姿は、地域のお年寄りにも元気を与えている。少子化に伴う学校統合というやや後ろ向きなニュースが、ひたちなか市では、公共交通を媒介にして、地域にプラスの効果を発揮しているようにも見える。

ちなみに、鉄道の終点阿字ヶ浦《あじがうら》も、学校がなくなった地区だが、今、その阿字ヶ浦が熱い。終点から三キロ先の国営ひたち海浜公園までの延伸計画である（図1－3）。すでに、第一フェーズ、公園南口まで一・四kmの事業計画が国から許可されており、あとは建設認可を待つ状態である。廃止寸前にあった鉄道で新たな延伸があるというのは、鉄道が地域と一体となっていることの証左でもある。

†町のたからもの

ひたちなか海浜鉄道が、廃線の危機を経て再生した背景には、市民活動がある。「おらが湊鐵道応援団」という団体で、駅の清掃や花壇の整備などを行い、今も地道に活動を続けている。沿線住民にとっては、鉄道の存在が生活の一部になっていると言っていい。ひたちなか市の鉄道を愛好する人たちが中心になった三鉄ものがたり実行委員会は、スタンプラリーなどまちづくりイベントと鉄道をコラボさせる企画を次々と打ち出し、二〇二三年には、「まちづくりアワード」で国土交通大臣の表彰を受けた。

写真８　総務大臣賞を受賞した「市報ひたちなか」2022年6月25日号

また、ひたちなかユネスコ協会が主催した二〇二二年度の「絵で伝えよう！　わたしの町のたからもの」には、市内の小中学生から一三二一点の応募があったが、そのうち一〇八点が、ひたちなか海浜鉄道を題材にしたものだった。子どもたちが「町のたからもの」としてひたちなか海浜鉄道の絵を描く姿を見て、親たちもひたちなか市に住んでいてよかったと思っているのではないだろうか。

さらに、地元のウォーキング協会も、ひたちなか海浜鉄道を使って沿線の古墳ウォークを開催するなど、鉄道とまちの人が一体化している。二〇二二年に開催した「ひたちなか海浜鉄道開業記念祭」に参加した市民の笑顔を一三枚の組写真にして掲載した市の広報紙「市報ひたちなか」二〇二二年六月二五日号は、全国広報コンクール（日本広報協会主催）の広報組み写真部で特選（全国一位）になり、総務大臣賞に選ばれた。「読んだ人が元気になれる広報紙をつくりたい」という市の広報担当にとっても、ひたちなか海浜鉄道はかけがえのない存在のようだ。

先日、ひたちなか市に隣接する水戸市で食事をする機会があり、自家用車で来ている人は、ノンアルコールを頼んでいたが、ひたちなか海浜鉄道沿線に住む友人とは夜遅くまでアルコールを片手に話が弾んだ。小さな地方都市でも、公共交通が生活の豊かさを支えているように思えた。

4 小山市――コミュニティバスの挑戦

†バスが撤退した街

小山《おやま》市は、人口一七万人、栃木県宇都宮市の南約三〇キロの所に位置する地方都市である。北関東の都市が続くが、こちらはコミュニティバスが主役である。コミュニティバスとは、市町村等が主体となって運営するバスで、国土交通省によれば「交通空白・不便地域の解消等を図るため」導入されるとある。民間バス路線の撤退などによって移動手段がなくなった高齢者の足として走る小型バスのイメージで、街中では、主役というよりも民間の路線バスのリリーフ役である。

ただ、クルマ社会の北関東の小山市の場合、二〇〇八年三月に民間のバス事業者が一部路線を除き、全面的に撤退してしまい、鉄道駅周辺を除く市全体が「交通空白・不便」地域となってしまうところだった。リリーフとして登場したコミュニティバスは、「おーバス」と名付けられたが、他のコミュニティバス同様、高齢者が利用者の中心で、大多数の市民は自家用車を移動手段とした。地方都市のバス利用者はどこも減っているが、小山市の移動手段の割合でバスは〇・三%まで落ち込んだ。街中の公共交通の主役が不在のまま、駅前の賑わいもなくなり、小山駅西口の複合商業施設ロブレのキイテナントであったイズミヤも二〇一五年に撤退した。

†モビリティマネジメントとサブスクリプション

このような状況の下、小山市は本来リリーフ役のコミュニティバスを市民の移動の主役とすべく、新たな舵を切った。まずは、モビリティマネジメントの展開である。これは、市民が過度な自家用車依存にならないよう、コミュニケーションを通じて自発的に移動やライフスタイルを変えるように仕向ける手法で、小山市は、この方法を活用した。[13] 具体的にはバスの広報誌を、バスのあるライフスタイルを提案する生活情報タブロイド紙「ブルーン！」としてお洒落に仕上げ、市内全戸に配布した。その際、むしろバスのことよりも街のさまざまな情報を提供するという形で、市民にバスでの移動を促した。お祭りの時には「おーバスまつり」といったオープンハウスも開いた。

また、普段自家用車を利用する人が、バスに乗るには、やはり便利であるとともに安価でなければならない。そこで、小山市は民間事業者が完全に撤退しているという状況を逆手に取って、コミュニケーション施策と合わせて、おーバスの増便、新路線開始という積極策を取り、二〇一九年一〇月、全線乗り放題定期券「noroca（ノロカ）」を最大七割引きという価格で発売した。スマホアプリを使った企画券が流行り出した時期に、norocaは、アナログの紙のチケットであったが、一二カ月乗り放題は、まさにサブスクリプション型の新しいチケットである。

写真９　おーバスを柔らかくPRするタブロイド誌「ブルーン！」

宇都宮ライトレールや富山ライトレールは、その斬新なデザイン性と地域社会への貢献でグッドデザイン賞を受賞したが、小山市のおーバ

写真10　利用者が大幅増となった小山市のおーバス

スは、地味な小さなバスでありながら、二〇二〇年度、グッドデザイン賞を受賞した。利便性の向上、低価格による利用者の増加といった成果に加え、入念な取材と行動心理学に基づく構成の「ブルーン！」で、市民一人ひとりにバスのある豊かな生活を提案したこともポイントとなっている。
　また、二〇二〇年には、かつて「小山ゆうえんち」のあったところにできた大型ショッピングモール、ハーヴェストウォークへのシャトルバスをおーバスに統合した。商業施設が運行経費の一部を負担するとはいえ、小山市が車両代を一定額負担することで、おーバスネットワークにつながったのである。しかも、日曜祝日は、二〇分に一本という頻度で来るので、もはやコミュニティバスというイメージはない。
　その結果、コロナ禍にもかかわらず、若者も含めて大きく利用者が増え、noroca の導入時に比べ、二〇二四年四月の定期券保有者は、全体で約九倍になり、二〇〇九年度には全体で年間三六万人しかいなかったバス利用者が、二〇二三年度には一一八万人となった。若者の利用も増え、学生定期券は、最初の時点ではほとんど使われていなかったこともあり（発売数一五枚）、二〇二四年四月の保有者は約三〇倍になっている。

†ライフスタイルの変化

自家用車に頼らない生活ができれば何が変わるのか。一つは、時間の使い方である。小山市の調査によれば、二〇一八年時点で、子どもと同居する二世代の家庭の女性の場合、買い物等の私事の移動をみると、就業している人の平均で自らの移動のおおよそ三回に二回は「送迎」、就業していない人の平均で二回に一回は「送迎」の移動であるという結果が出ている。[14] いわば、子どもを持つ女性が最も時間をかける仕事は「送迎」なのである。

これに対し、おーバスはそうした生活スタイルを変えることに貢献しているようだ。以下、土木学会の報告書に載った小山市の例を引用しよう。[15]

二〇二二年四月栃木県小山市に住むNさんは、市外の中学校に進学した娘のHちゃんが出かける姿を心配そうに見送りました。Hちゃんは家から小山駅までコミュニティバス、小山駅から学校まではJR両毛線を使います。実はNさん、Hちゃんから市外の中学校に進学したいと打ち明けられ、最初に心配したのが通学手段でした。「毎日駅まで送り迎えできるかしら……」そんな時、Nさんは市役所発行のバス情報誌Bloom!に「これは！」と思いました。「通学にバスを使っている女子学生」の記事が載っていたのです。更に小山市コミュニティバスの定期券 norocaは、学生二万五〇〇〇円／年ととても安く、スマホ定期券なら紛失の心配もない。無事希望の学校に合格した娘にバス通学を勧め、一年定期券を買ってあげました。

写真11　小山駅前通りのストリートマルシェ（写真提供：淺見知秀氏）

そんなNさんは、小山市に住むHちゃんの同級生が、ご両親に毎日送迎してもらって通学しているとの話を聞きました。バス停から遠いところに家があるようです。改めて市内のバス路線を調べてみると、Nさん宅最寄りのバス路線は、二〇二一年一〇月から便数が倍増し、市内でも特に便利な路線でした。小山市は市内のバスを順次増便する方針とのこと、早く同級生のお家沿いのバス路線も便利になってほしいとNさんは願っています。

このほか、ブログでは、次のような声もある。[16]

今まで街なかへの移動はほぼ車を利用していましたが、ある日、思いつきでバスに乗ってみたら、バスでの移動時間がとっても快適ということに気が付きました。……（中略）……頭をリセットし、ぼんやり風景を眺めたり、すきなことに使える時間ができるのは贅沢です。バス時間はもっぱら、大好きな読書の時間になっています。（またはTwitter中毒の時間……）

†街の変化も少しずつ

富山や宇都宮に比べれば、小山駅前は寂しい。駅の乗降客は少ないわけではないが、現時点では、街に活気がよみがえったとまでは言えない。しかし、イズミヤが抜けた駅前のビル「ロブレ」も、最近ではそれなりにお店が入るようになった。バスを利用する学生が増えたせいか、平日、そうしたビルに入ると学生は多い。店舗が抜けたスペースに、テーブルが置かれ、学生たちが、宿題をしている。わびしい感じはない。日本のシネコンの最初期にできたシネマ・ロブレも健在だ。

基本的な買い物は、駅西口界隈で済ませることができるという。もちろん、郊外のショッピングセンターに行かなければならない買い物もあるだろうが、日曜祝日であれば、二〇分に一本来るおーバスで行ける。かなりの人がnorocaを持っているので、あまり運賃を気にする必要もない。

norocaというカードを持っていれば、自家用車を持たなくても、どこにでも行けるという選択肢がある。LINEで乗れる「スマホde noroca」も好評のようだ。小山市西口の人出も、以前よりは少しずつ増えており、駅周辺エリアにも新しい店ができている。コロナ禍が明けた二〇二三年八月、ロブレで開かれたマルシェには、一八〇店が出店した。小山駅はJR線が東西南北に交わる結節点で、鉄道が便利だということはあるが、駅からのバスという手段が使えるようになることで、閑散とした地方都市が変化し始めているといえそうだ。

1 「噂の東京マガジン」TBS、二〇〇七年七月一五日。
2 NHKWEB特集鉄道（https://www3.nhk.or.jp/news/html/20230911/k10014191581000.html）。

3　下野新聞SOON（https://www.shimotsuke.co.jp/articles/-/805303?source=yahoonews）。
4　朝日新聞デジタル二〇二三年一〇月二三日（https://www.asahi.com/articles/ASRBR5R67RBQOXIE026.html）。
5　二〇二三年度の決算では、当期純利益が五七〇〇万円となり、メディア等で「黒字」であることが賞賛されているが、筆者は「黒字」であることは本質的な問題ではないと考えている。この点は、本書の第2章以下で詳述する。
6　NHK NEWS WEB（https://www3.nhk.or.jp/lnews/utsunomiya/20231117/1090016345.html）。
7　詳細は、宇都宮（二〇二〇）参照。
8　富山市資料「路面電車南北接続による効果について」。
9　二〇〇五年三月末の値で、二〇二二年三月末は一・五六台と若干減っているものの、全国七位は変わりない。
10　日本民営鉄道協会（二〇一一）「みんてつ」三九号（https://www.mintetsu.or.jp/association/mintetsu/pdf/39_p22_29.pdf）。
11　田口・宇都宮（二〇二三）参照。
12　許・谷口（二〇一七）。
13　モビリティマネジメントの詳細は、藤井ほか（二〇一五）参照。
14　小山市（二〇二三）「地域公共交通計画」。
15　公益社団法人土木学会・公式note「日本インフラの体力診断――地域公共交通」（https://note.com/jsce/n/n18bd4bd24d9e）。
16　「おやナビ！」二〇二一年一〇月六日。

第2章　オーストリア・フォアアールベルク州の劇的な変化

前章では、都市が公共交通と歩くことを基軸にして少しずつ生まれ変わり、自家用車以外の選択肢がある豊かな街、ウォーカブルな街が生まれつつあることを、宇都宮市や富山市、ひたちなか市や小山市を例に見た。これらは、フランスのストラスブール市やドイツのカールスルーエ市のような先行した欧州の成功例を参考にしつつ、少しずつ実現にこぎつけたものだ。そして、どれもそれなりの人口を抱える都市でもある。宇都宮市の人口は五一万人、富山市の人口は四二万人。ひたちなか市や小山市も人口は一六〜一七万人である。

ところが、自家用車以外の選択肢があるウォーカブルな豊かな街は、これよりも一回りも二回りも小さい都市、さらにその周辺でも実現できる。欧州には公共交通と徒歩、それに自転車を基軸にして持続可能な地域づくりを進めてきたところがある。その一つが、オーストリアの最西端、スイスに隣接するフォアアールベルク州のラインタール地域である。地域の最も大きな町でも人口約五万人だが、二〇〇六年に「ビジョン・ラインタール」を

写真12　上空から見たラインタール地域。南から北を見ている。中央右の町がドルンビルン。上部に写る湖がボーデン湖で、その右側に位置するのがブレゲンツ。左下からボーデン湖に注ぐのがライン川である。

策定することで、公共交通や自転車、それに徒歩で十分に充実した都会的な暮らしの質を実現しつつ、田舎暮らしの特徴も取り入れた「いいとこどり」の暮らし方を実現してきた。持続可能な地域づくりで、日本と同じようなごく普通のクルマ社会の地方が劇的に変化したのである。本章ではまず、そんなフォアアールベルクの姿を紹介しよう。

1　フォアアールベルク州の概要

フォアアールベルク州は、面積二六〇二km²、人口約四一万人の小さな州である。面積は日本の都道府県で六番目に小さな佐賀県よりやや大きい程度で、人口は日本の都道府県で最も少ない鳥取県（人口約五五万人）よりもさらに少ない。また、フォアアールベルク州は主要都市からもかなり遠い。オーストリアの首都はウィーンだが、そこからは鉄道や自動車で六〜七時間はかかる。隣国の大都市チューリヒ（スイス）やミュンヘン、シュトゥットガルト（以上ドイツ）までも、それぞれ二〜三時間はかかる。

小さな、しかも大都市から離れた地方でありながら、同州は戦略的な地域計画と交通計画とその成功で知られ、公共交通を軸にした地域開発が進んでいる。人口の減少を食い止めているどころか、公共交通を軸にした高い住み心地、高付加価値を生み出す産業の立地と、欧州の統合の進展を背景に、隣国ドイツなどからの人々を呼び込むことにも成功し、二〇〇七年から二〇二二年の一五年間で、人口は約一〇％増加している。州の一人当たり名目GDPは五万一七〇〇ユーロ（二〇二一年）で、オーストリア平均の四万五四〇〇ユーロ（同）と比べても、よく「稼いで」いる州である。ロープウェイ設備で世界トップ企業であるドッペルマイヤー・ガラベンタ社や、包装材や飲料容器製造のアルプラ社、高級衣料品のヴォルフォード社のように、州内に本社を置いて高付加価値の商品を生産して、世界展開する企業も多い。

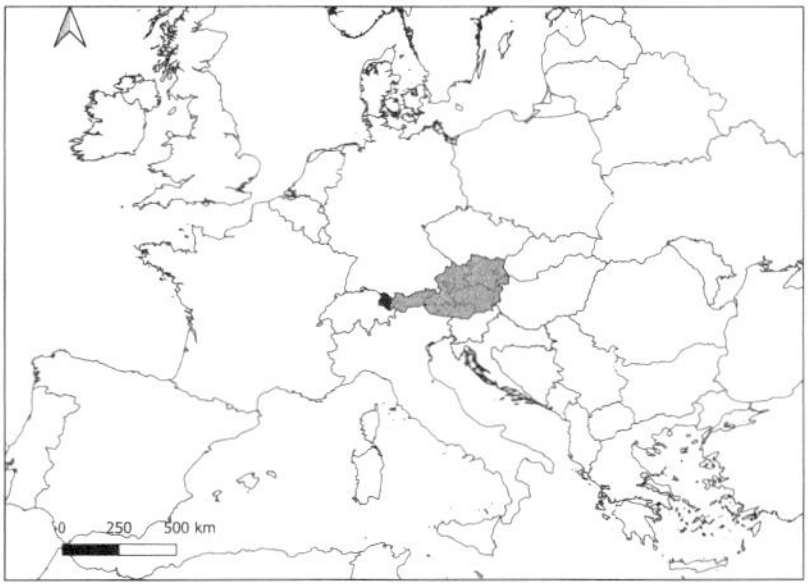

図２－１　オーストリアとフォアアールベルク州の位置

フォアアールベルク州は東側でオーストリアのチロル州に接するが、間にはアールベルクと呼ばれるドナウ川とライン川の流域を隔てる分水嶺の険しい山がある。西側と南側ではスイスと接し、北側ではドイツに接しているほか、スイスとの間には小国リヒテンシュタインもある。州の面積の大半をアルプスの山地が占めるが、西側でスイスとの国境をなすライン川沿いは広い谷底平野になっていて、ラインタール（ライン渓谷）と呼ばれる。ライン川というとドイツを思い浮かべるかもしれないが、源流はスイス・アルプスで、そこから下ってきたライン川は、フォアアールベルク州の北西側でボーデン湖と呼ばれる大きな湖にいったん流れ込み、そこから流れ出てスイスやフランスをかすめるように流れ、ドイツへと下っていく。なお同じライン渓谷という地名はドイツ国内のライン川中流部にもあり、こちらのほうが世界遺産に登録された古城やワイナリーが並ぶ渓谷としてよく知られているが、本章で取り上げるのはこれとは別の地域である。

フォアアールベルク州には九六の市町村がある。大都市はなく、日本よりも市町村の規模が小さいということはあるが、核となる都市は、人口二〜五万の四つのみだ。ラインタールと、支流のイル川が作るヴァルガウと呼ばれる谷底平野がフォアアールベルクの平地の大部分であり、ここに主な都市や人口が集中している（図2－2）。ラインタールには、北から順番に州都のブレゲンツ、最大の都市ドルンビルン、そして交通の要衝のフェルトキルヒの、主な四市のうち三つが立地する。フェルトキルヒから南東に折れてイル川沿いにヴァルガウを上ると、四番目の主要都市であるブルーデンツがある。これらをつなぐように、ライン川とイル川に沿って町々を結ぶ鉄道や道路が、フォアアールベルクの主な交通路だ。州の北東部には、ブレゲンツァーヴァルトと呼ばれる、牧畜や林業を中心とした中山間《ちゅうさんかん》地域が広がっている。ブレゲンツァーヴァルトは起伏の多い険しい地形で、ヴァルガウとの境をなす南側では二〇〇〇m級の山々が連なるアルプスの山脈となる。

2 フォアアールベルクの公共交通

ラインタールに話を戻そう。幹線の鉄道は日本と同じ一八七二年に開業したブレゲンツ〜ドルンビルン〜フェルトキルヒ〜ブルーデンツを結ぶ六八㎞の路線である。近代化は遅く、全線複線となったのは一九九五年である。ブルーデンツではアールベルク峠を越えてオーストリアの他の地域と結ぶ路線につながっていて、インスブルック〜ザルツブルク〜ウィーンへと向かう幹線鉄道も兼ねている。一方、ブレゲンツから反対側では、隣接するドイツのリンダウまで通じており、そこからドイツ国内のミュンヘンやシュトゥットガルト方面へとつながっている（図2‐2参照）。また、ブレゲンツとフェルトキルヒからそれぞれスイスへと抜ける支線が分岐していて、チューリヒをはじめスイスの各方面へ向かうこともできる。

これら鉄道網は、二〇〇〇年からのおよそ四半世紀の間に大幅にアップグレードされ、地域の基幹の「足」となっている。そのアップグレードが如実に表れているのは列車の本数だ。一九九一年の時刻表を見ると、ブレゲンツ〜ドルンビルン〜フェルトキルヒ〜ブルーデンツの区間に各駅停車が一時間に一本走り、その合間にウィーン方面に向かう長距離の急行列車が二時間に一本程度走るというものである。日本の地方部だと今でも「よくある」姿の鉄道路線のダイヤに近い。

これが二〇二三年の時点では、各駅停車が一時間に二本、さらに二〜三駅おきにある主要駅にだけ停車する快速列車も同じく一時間に二本走る。合計で一時間に四本もの列車が走り、主な駅では一五分に一本もの列車が来る。朝の通勤時間帯はさらに列車が増える。

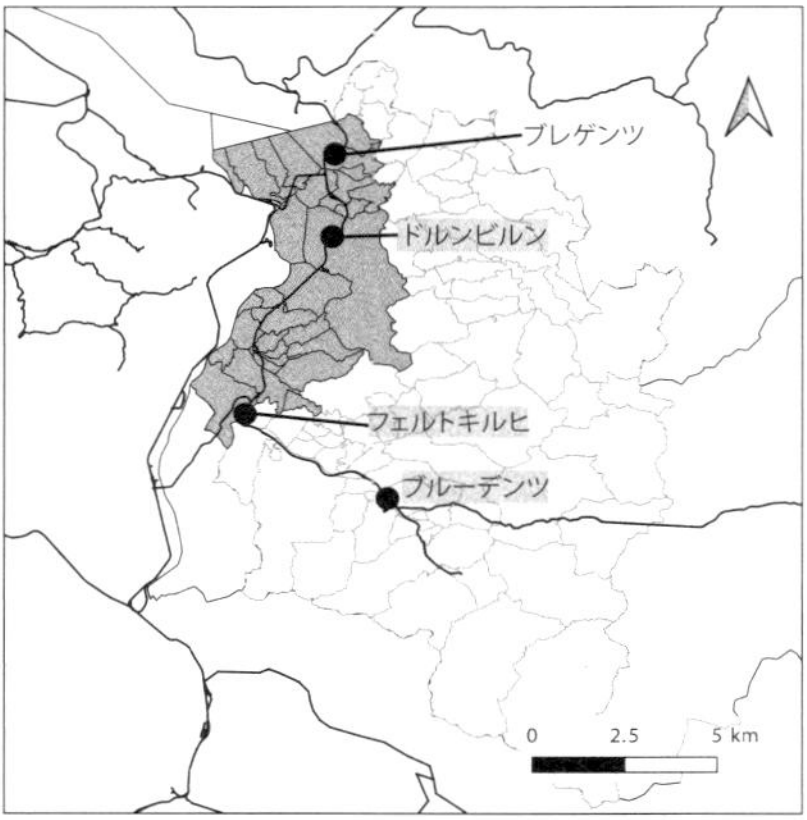

図2-2　フォアアールベルク州内におけるラインタールの位置

始発は午前五時頃、最終は深夜零時頃で、その間は駅に行けば時刻表をほとんど気にせず乗ることができる。二〇一七年からは、週末のみだが、終電から始発の間の深夜にも一時間に一本の各駅停車が運転されるようになった。大都市とそう変わらない高い水準のサービスである。二〇年ほど前に導入された全長七〇mの列車では乗客を運びきれないこともあり、二〇二二年末から導入された新型車両は定員をおよそ一・五倍に増やした全長一〇〇mの四両編成だ。座席にはコンセントや読書灯も完備されていて、四人掛けのボックス席にはノートパソコンを広げて作業できる広いテーブルもある。トイレはバリアフリーであるだけでなく、おむつ台も備え付けられている。

写真13　平日日中のドルンビルン駅

ラインタールで列車に乗ってみると、通勤・通学の地元の人々、ベビーカーを押した子連れの人や、孫かひ孫だろうか、子どもを遊びに連れていく老人、自転車とともに乗り込んでくる初老の人、さらに外国出身の移民だという若者、それに大きな荷物を持った旅行者など、実に多くの、しかもさまざまな利用者がいることがすぐに目につく。日中はいつもホームで多くの人が列車を待っており、座れるかどうかが心配になるくらい

写真14　フェルトキルヒ駅に設置されたボックス型駐輪場

だ。

駅にもさまざまな設備がある。特に目を引くのは、ドルンビルンやフェルトキルヒの駅に併設された地元スーパー、そして自転車で駅に来る人のための駐輪場だ（写真15）。特に駐輪場は一般的な自転車ラックだけではなく、高性能だが高価なEバイクなどを安心して駐輪できる施錠型ボックス（写真14）も設置されている。

車窓は実に目まぐるしく変わる。駅の周りには街が広がっていて、駅の近くになると三〜四階建てのマンションもよく見かける。フェルトキルヒの駅前には最近できたばかりのマンションが並ぶ。駅裏も駅前と同じように街並みが続いていて、どの駅もホームから駅前だけではなく裏側にも簡単に出られるようになっている。駅を発車すると、大きな工場が立ち並ぶエリアがあるかと思えば、牛が草をはみ、豚が歩き回るのどかな農地が突然現れる。その中のあぜ道では、散歩やランニングをする人もいれば、乗馬を楽しむ人も時々見かける。そして列車が速度を落として次の駅に差し掛かるころ、また工場や住宅、オフィスなどからなる街並みが現れる。こんな風景が駅ごとに続いて繰り返していく。土地の使い方にメリハリがあり、駅を中心とした町に人々が暮らし、その間に広がる農地を農業だけでなくレクリエーションの場として町の住民も使いながら、豊かな暮らしを送っている様子が見て取れる。

鉄道の利用者は夜になっても多い。まだコロナ禍もおさまりきらない二〇二二年のとある金曜日、夜一〇時をまわった時間帯に列車に乗ってみると、座席がほぼ埋まる程度の利用客と、さらに立ち客も少しいるような状況であった。近隣の町で友人でも訪問したか食事でもしてきたであろう乗客や、この時間から夜の町に繰り出すらしき若者の姿も見えた。ブレゲンツやドルンビルンの中心に行けば、若者が集まるバーも夜遅くまで営業しており、この時間から町に繰り出しても深夜運行される鉄道で安心して帰宅できる。なんだか大都市のような風景だが、これは人口が百万人の大都市の様子ではなく、人口わずか三〜五万人の町からなる地域と、その基幹をなす鉄道の姿である。

写真15　ドルンビルン駅前の駐輪場。半地下構造で、地下の自転車専用通路で線路をくぐればすぐに駅裏にも出られる。

ラインタールでは、鉄道を補完する形でバス網が市街

写真16　大きな屋根が象徴的なドルンビルン駅。駅のシンボルであると同時に、雨に濡れない鉄道・バスの乗り換え動線も確保している。

地や集落を結んで走る。それぞれの市内で完結する路線は、市ごとに赤、緑か青色の車体に統一されている。それよりも広い範囲を走り、鉄道から離れた村々を結ぶバスや、中山間地ブレゲンツァーヴァルトに向かうバスは、鮮やかなレモン色の車体に統一されている。ラインタールでは鉄道と同じように一五分から三〇分おきに朝から夜遅くまで運行されていて、やはり時刻表をほとんど気にせず使える。

　バスも鉄道と同じように利用者が多い。筆者が二〇二三年のとある祝日の夜九時頃、鉄道からやや離れた村からブレゲンツ市内方向のバスに乗ったときは、ブレゲンツの市街地に入る頃には一七～一八人ほどの乗客がいた。大きなグループがたまたま乗っていたから乗客が多いというわけではなく、皆一人か、せいぜい二～三人のグループで乗っている。このとき筆者はブレゲンツに滞在していて、インターネットでたまたま見つけた、お店伝統のレシピで自家製ビールを造っているという村の老舗のレストランに夕食に出かけたのだが、このように車がなくとも隣の村まで気軽に食事に出かけられる。バスは三〇分おきに出ていて、夜一一時頃の終バスの時間さえ気にかけておけば、帰りの移動も心配ない。

3 手間いらずのきっぷ

フォアアールベルクのバスはどこもこのように気軽に使えるようになっていて、実際に利用者も多い。ラインタールのみならず、さきほど触れた中山間地のブレゲンツァーヴァルトでも、同じように三〇分～一時間おきに村々を結ぶバスが縦横無尽のネットワークとなっている。主な路線では週末になると深夜まで運転され、ラインタールでは深夜から未明になるとオンデマンドのバスが走る。金曜の夜はラインタールの街で夜遅くまで遊んでも、中山間地のブレゲンツァーヴァルトにでさえ安心して帰ることができる。終夜運転の鉄道に接続して、午前一時台にラインタールを出て一番奥の地域まで走る深夜バスが出ているからだ。

フォアアールベルクの鉄道やバスは、きっぷのことを考えずに気軽に乗ることができることも特徴だ。州のすべての鉄道とバスが利用できる年間パスは一年三九九ユーロ（約五万八〇〇〇円）であり、一日当たりにするとわずか一・一ユーロ程度（約一六〇円程度）だ。

さらに住所がおなじ世帯の二人目からは、三割引で買うことができる。また高齢者や若者には割引価格が設定されている。これらのパスは記名式で写真も入るから、持っている人しか使えない。しかし、家族どうしや会社内で使いまわせる無記名式のバージョンも、値段は割高だが設定されている。また二〇二一年に導入されたオーストリア全土で有効な記名式年間パス「クリマチケット（気候チケット）」[1]も、フォアアールベルクで使うことができる。こちらは一年の値段が一〇九五ユーロ（約一五万円）で、毎月払いのサブスクリプションにすることもできる。

州政府の資料によれば、二〇二二年時点で、人口四一万人のフォアアールベルク州全体で約八万一〇〇〇人、つまり州の人口のほぼ五人に一人は、州全体で使える年間パスかクリマチケットを保有している。二〇二三年の速報値では八万六〇〇〇人と見積もられており、増加傾向である。これに二四歳未満の児童生徒や職業訓練生が買うことができる自宅と学校間のみの通学定期の所有者（三万三〇〇〇人、二〇二一〜二二年度、以下同じ）や、追加料金で買える州全体のパスの所有者（二万五〇〇〇人）が加わるが、主な対象となる五〜一九歳の州の人口は約六万五〇〇〇人であるから、その大半がどちらかを持っていることになる。合計すると公共交通を日常的に使うためのパスを持つのは約一四万人で、州全体で三人に一人以上がなんらかの形で公共交通のパスを持っている。

公共交通機関を使うけれども年間パスまでは必要ないという人は、紙のきっぷやアプリで一回券や月間パスを買うことができる。無人駅も含めたすべての駅に必ず券売機が置いてあり、駅に行きさえすれば切符を買うことができる。バスは、車内に券売機が置いてあってそこで買うことができる。どちらの場合も、鉄道とバスの通しのきっぷを買うことができるから、乗り換える場合も最初に一回買うだけでよい。さらに、スイス鉄道からスピンオフしたＩＴ企業が開発した、スマートフォン画面の「乗車」「降車」ボタンをスワイプするだけで、位置情報から自動で精算してくれるアプリＦＡＩＲＴＩＱ《フェアティク》も、二〇一八年から州全域で導入されている。

観光客に向けては、ホテルや民泊が宿泊者に宿泊期間中に有効な観光施設の割引パスを配布するが、これが公共交通のパスも兼ねるようにし、観光客にも滞在中の公共交通利用を促している。一部地域の宿泊施設で宿泊税を財源として試行され、今後州全体に拡大される見込みだ。

また、州の年間パスは二〇二四年一月から購入者への特典が追加され、駅の自転車ボックスの年間利用料、カーシェアリングの会費と一〇〇㎞までの利用料金クーポン、あるいは他の人が公共交通で使える九〇ユーロ分のＦＡＩＲＴＩＱクーポンから選択できるようになった。自転車やカーシェアなど他の交通手段と組み合わせて公共交通を使ったり、あるいは同行者も公共交通を使いやすくしたりと、このあたりは抜け目ない設定に進化している。

4 小さいながら活気のある町

フォアアールベルクの街は、どこも規模の割には活気がある。ブレゲンツやドルンビルン、フェルトキルヒ、それにブルーデンツの駅前は多くの人々が行き来している。列車が到着すると、それに接続するバスが一斉に発車していく様子は圧巻だ。町の中心部はたいてい駅から歩いて五〜一〇分のところにあるが、駅から歩行者が歩きやすいように歩行者空間が整備されている。沿道には、パン屋さんやスーパー、銀行などはもちろん、カフェや雑貨屋さん、眼鏡屋さんや衣料品店など、さまざまなお店が立ち並んでいる。レストランや居酒屋・バーも、一〇〇年以上はつづくであろう老舗から、最近できたらしき都会的なおしゃれなお店まで、さまざまなものから選べる。それぞれ一つ一つは小さなお店だが、個人経営のもの、地元のチェーン、そして全国チェーンや世界チェーンのお店まで、好みやその時々のニーズに応じていろいろな選択肢がある。時にはフードトラックが食べ物を出し、クリスマスの時期になるとクリスマスマーケットのスタンドが並び、暗い冬の夜を華やかなものにしてくれる。

このように、ラインタールを訪れると、田舎の暮らしと都会の暮らしの「いいとこどり」をした、豊かな暮らしの風景が広がっていることに驚かされる。その軸になるのは鉄道とバスからなる、頻繁で使い勝手のいい時刻表いらずの公共交通機関である。フォアアールベルク州の移動に占める鉄道とバスのシェアは一四％もあり、人口が一〇〇万人を超える大都市に匹敵する水準だ。これを可能にしたのは、持続可能な地域づくりのために二〇〇四年から二〇〇六年にかけて作られた戦略的な計画とその実践である。その内容を次章では詳しく見ていこう。

1　二〇二一年秋に導入された乗り放題チケットでオーストリア全土のすべての公共交通が利用できる。「気候」という言葉のとおり、自家用車に依存する移動手段を環境にやさしい公共交通に転換することが目的で、二〇二三年八月までの約三年間で二四万枚が発売された。なお、二〇二四年からは、一八歳以上になると二一歳までの間に一回限り、このクリマチケットを国から無料で受け取ることができるようになった。

第3章　フォアアールベルクを変えた「ビジョン・ラインタール」

前章ではオーストリア最西端に位置する、フォアアールベルク州のラインタール地域が、都会と田舎の「いいとこどり」をした、豊かな暮らしが広がっていることを見た。いくつかの小都市と町や村からなる一地方が、大都市並みの鉄道とバスを軸に地域づくりを実践し、経済的にも大きく潤い、住み心地のよい持続可能な地域へと目覚ましく姿を変えている。本章では、そうしたフォアアールベルクの変化を支えた地域・交通計画「ビジョン・ラインタール」について、詳しく紹介したい。

フォアアールベルク州は経済的にも豊かな地域であり、自動車の保有率も高い地域である。人口一〇〇〇人当たりの自家用車保有台数は五三五台である（二〇一七年）。これは日本の都道府県では北海道（五四四台）や広島県（五三〇台）、長崎県（五三七台）など同じレベルである。それでも、フォアアールベルク州全体の交通手段分担率のうち、鉄道とバスを合わせた公共交通のシェアがおよそ一四％を占める。これはラインタールだけではなく中

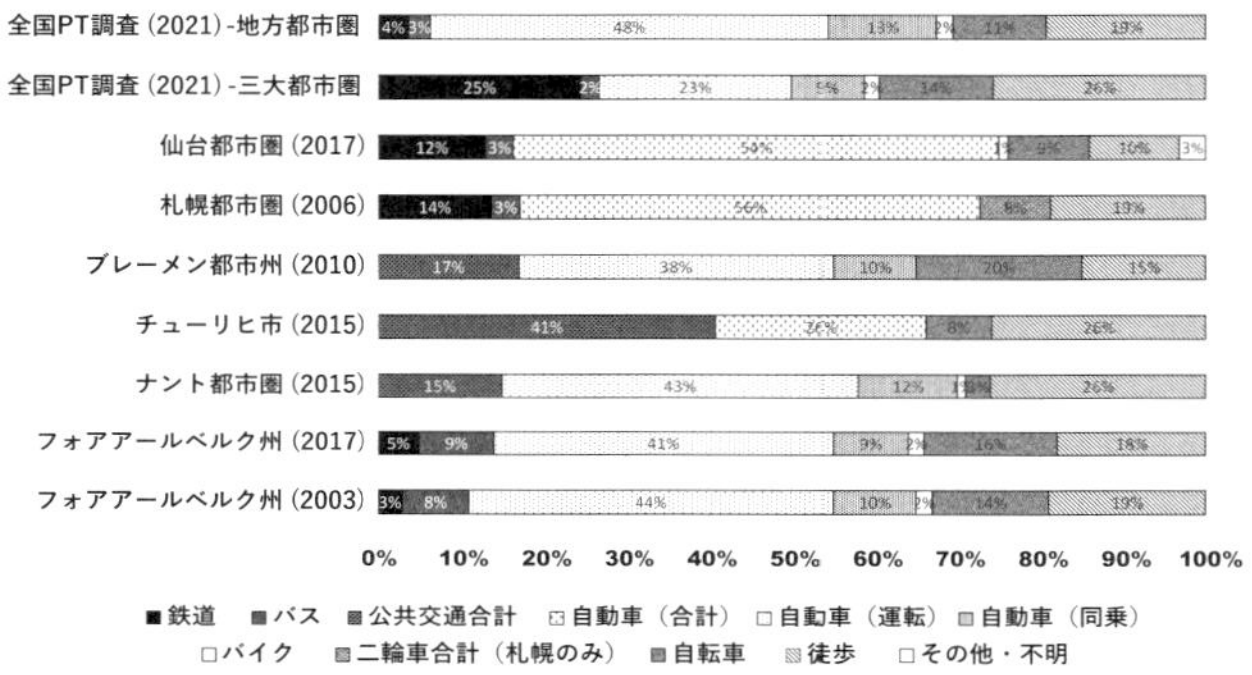

図3－1　交通手段分担率の比較
出典：Mobilitätskonzept Vorarlberg 2019, Plan de déplacements urbains 2018-2027, Perspectives 2030（Nantes Métropole）, Verkehrsentwicklungsplan-Bremen 2025 Zwischenbericht zur Szenarienentwicklung, Modalsplit-Bilanz in Zeiten der Pandemie（Nicola Nübold-Stadt Zürich），道央都市圏パーソントリップ調査，仙台都市圏パーソントリップ調査，2021年全国都市交通特性調査から筆者作成

山間地まで含んだ数値であるが、二〇二一年の国土交通省の全国都市交通特性調査によれば、日本の地方都市圏の公共交通の分担率はおよそ六%であるから、フォアアールベルクの分担率がいかに高いかがわかる（図3－1）。仙台都市圏や札幌都市圏（道央都市圏）など、人口百万人を超える日本の都市圏に匹敵する水準である。近隣の大都市チューリヒの公共交通の分担率四一%にはさすがに及ばないが、欧州の交通計画を主導してきたドイツの人口約六〇万人の都市ブレーメンの公共交通の交通手段分担率が一七%、一九八〇年代の早い時期に路面電車を復活させた人口約六五万人のフランスのナント都市圏で、公共交通の交通手段分担率

は一五％である。こうして比較すると、決して大都市というわけでもないフォアアールベルクの人々が、いかによく公共交通を日々の生活の中で利用して暮らしているかがわかる。

こうした、公共交通を軸としながら持続可能で住み心地の高い暮らしを実現している背景にあるのは、長い時間をかけてさまざまな関係者の合意形成を図りながらとりまとめた地域・交通計画「ビジョン・ラインタール」とその実践である。ビジョン・ラインタールは、地域内の全二九の市町村と州政府の合同で、二〇〇四〜二〇〇六年の二年半をかけて策定された。ビジョン・ラインタールは交通とモビリティのみならず、交通に大きな影響を及ぼす土地利用や空間計画も包含した全体の戦略である。

1　市民とステークホルダーの参画

ビジョン・ラインタールの大きな特徴は、すべての関係者やステークホルダーが参画できるように策定プロセスの設計を行い、その全員の間で目標を共有するところに重点が置かれている点である。経済発展のような一つの目標を皆が暗黙のうちに共有しているような時代ならばともかくも、経済・社会が成熟した今では、後の章でみるように、地域社会の持続や環境負荷の低減、暮らしやすさ・住み心地の向上のように、交通という一つの政策分野もさまざまな目的に貢献することが求められる。ところが、一人一人、あるいは各々の会社や組織、一つ一つの市町村が重視する目的は、たいてい異なるし、異なっていることが当然だといってもよい。それぞれの重視する目的をお互いに理解しつつ、政策の柱となる目標を皆で決めて共有しておくことはとても重要だ。この共有の目標に向けた合意形成を、早い時期から誰でも参画できるオープンな方法で丁寧にしっかりと行ったことが、フォアアールベルクの成功の第一の秘訣といえる。

その目標の共有にあたっては、フォアアールベルク州とラインタールの二九の市町村が自治体の枠を超えてエリア全体を一つの地域として統合的にとらえ、現状分析や、さまざまな将来シナリオの検討、さらに分野別の将来の方向性と目標という手順で、時間をかけて進めた。そして、州はそれを実現する具体的な施策案の検討を行った。これは、後述するEUの「持続可能な都市モビリティ計画（SUMP — Sustainable Urban Mobility Plan）」へと発展する考え方で、EUがSUMPガイドラインを発行するよりも一〇年も早く、ビジョンづくりから施策の検討を首尾一貫して行った事例である。策定後も二〇〇七〜二〇一七年までの一〇年間にわたり、全首長の定例会議、参加市町村の各専門部署トップ全員の定例会合、市民向けの見学会や展示会、地域に精通した専門家と住民のダイアログなど、実に一五ものさまざまな方法で市民とステークホルダーが参画する機会を設けた。このように参画を計画づくりから施策実施まで通して「プロセス」として進めたことも大きな特徴である。

2 ビジョン・ラインタールの掲げる目的と施策

†三つの目標と四つの政策分野

ビジョン・ラインタールの共通の目標には、①多極型のネットワーク化された地域、②高い水準の住み心地の実現、③さまざまな形での自治体間の重層的な協働・協調の三点が据えられている。このうち①と②は、策定から約二〇年を経た現在では、前章で見た通り社会の中ですでに実装されつつある。③はそれを実現するために州政府と市町村がさまざまな形でコラボレーションすることを指しており、地域を歩きまわっただけではなかなか見えないが、関係者にヒアリングすると国、州、そして市町村の三層の行政が、目標の実現に向けて全体の整合性を保ちながら、それぞれの役割を果たしていることがわかる。

その目標の実現に向けては、さまざまな施策を組み合わせているが、これらは「構造化された可住域」「生活の中心軸となる鉄道」「経済」「空間的均衡」「ネットワーク化された自然空間」という五つの政策分野に分けてまとめられている。実際のビジョン・ラインタールの策定はいくつかの専門部会により行われたが、交通との関連では、特に「可住域とモビリティ」の専門部会が重要な役割を果たした。この専門部会の取りまとめが、「構造化された可住域」「生活の中心軸となる鉄道」に反映されている。

この専門部会の取りまとめた内容は大きく四つの内容からなるが、それぞれが地域空間や交通に関わる目的となっている。その目的の実現に向けて、さまざまな施策を挙げている。以下では、一つ一つ詳しく見ていく。

†メリハリのある土地利用

目的の一つ目は「アイデンティティと特徴―ネットワーク化され、構造化され、緑の多い、伝統に根差しつつ世界に開かれ、未来志向で唯一無二の居住空間」と銘打っている。これだけでは日本の役所の文書とさほど変わらないが、その内容をみると、クオリティーの高い生活を送ることができる地域づくりに向けて、九つのきわめて具体的な施策を挙げている。筆者なりにまとめると、①地域の開発を今後は市街地面積を拡張せずに既存の市街化区域[1]の中のみで行い、②中心市街地の質と密度を高め、さらに③都市計画において全交通手段へのアクセスを考慮し、住居が各種インフラやライフライン、買い物、公園や緑地と、職場に近接して住まうことができるようにすること、そして④商工業エリアは鉄道と幹線道路の両方に近いところに寄せて、都市景観、建築、自然景観の質を高めるよう開発することが、中心となる施策である。

さらにこれらを補完して、⑤重要施設の建築デザイン性を高め、⑥土地勘の向上に寄与するランドマークの体系化によって地域全体の質を高めるとともに、⑦高層建築物の建設は公共交通と中心市街地への良好なアクセスを条件とし、⑧公共交通へのアクセスが良好な場合は附置義務駐車場を減らすなどの柔軟な対応によって、移動需要の発生と公共交通をリンクさせることを指向している。そして⑨市街地の端は単なる「線引き」で終わらせず、市街地と農地・緑地の接続を考慮しつつレクリエーションの場などを柔軟に整備することを挙げている。

前章では、フォアアールベルクの土地利用にはメリハリがあり、鉄道の駅周辺に市街地が集まっていることを述べたが、これはまさに①や③、そして⑦を実現した姿である。また、町と町の間には農地がありレクリエーションの場となっていることを述べたが、これも①や⑨の成果といえる。さらにバスが色分けされているのは⑥の一例だ。また中心市街地がウォーカブルな町となっているのは②や④の成果であるが、実は⑧によって駐車場の数を抑制することでも歩いて快適な街に寄与しているし、⑤によって建物全体の質の向上を図っていることでも歩いて楽しい街に寄与している。

†公共交通を地域発展の背骨に

第二の目的は「公共交通は地域発展の背骨」と銘打ち、具体的には①高頻度サービスと高密度な駅・停留所で都市公共交通と同水準のサービスを提供すること、②鉄道を地域のアイデンティティかつネットワークの要素とすべく、鉄道駅や停留所をシンボルとなるよう設計すること、③隣接するドイツ、リヒテンシュタインとスイスへの鉄道を強化すること、④新たな路線の検討を進めることを挙げている。特に①がこれらの中でも最重要であり、大都市のような水準の公共交通機関が走っているのは第2章でみた通りである。また②も着実に進められており、近代的な駅への改築が進行中である。③も着実に進み、特にEU加盟国であるドイツの近隣エリア方面の列車はフォアアールベルク州内のサービスと完全に一体化された。また④も少しずつであるが進んでいて、二〇二一年末には、貨物線を活用した新路線が、第一弾として平日の朝夕だけであるが、運行を開始した。

†土地利用と公共交通の政策的統合

第三の目的は「市街地と公共交通の整合――土地利用の種類と密度を、公共交通サービスを基に決めること」と銘打っている。これは「公共交通志向型開発」と呼ばれる、鉄道やバスの沿線を重点的に開発する戦略である。公共交通志向型開発は、日本では東京や大阪のような大都市圏を中心に進められたが、これを地方部であるラインタールで実践しようというのはかなり野心的である。

具体的な施策には、①公共交通の結節点周辺を重点的に開発すると同時に、密度の高い多様な土地利用を促すこと、②施設立地は特性や利用者に応じてより分けて行うこと[2]、そして非常に重要な点として③ショッピングモール、シネマコンプレックスなどの、集客力の高い大型施設を、市街地の端のほうや外側の、公共交通によるアクセスが難しい場所には一切新設しないことである。さらに「安く感じる自動車利用」の抑制を指向し、④駐車場容量に上限を設け、台数や駐車料金設定は公共交通のサービス水準に応じて決めること、⑤都会のような交通行動を促すモビリティを実現し、高速道路の速度水準を都市高速道路並みに下げ、自動車利用や駐車の本来のコストの認知させて、週末など余暇での外出時とイベント時に向けたモビリティマネジメントを導入することを挙げている。

†街路空間の質の向上

第四の目的には「公共空間のネットワークとそれを実現する交通網を、ラインタールを特徴づける要素とすること」としている。具体的な方策として、①市街中心に直結する都市的サービス水準の鉄道と、市街の外側に位置する高速道路を、モビリティや市街地開発の基礎としつつ、②高速道路から町へは明確な入り口の「ゲート」[3]を経て接続することで、町の外と中のメリハリをつけるとしている。さらに③中心市街地、駅前、主要な街路、公園が相互につながった公共空間システムを構成するよう設計し、散歩、文化活動、集いの場、そして買い物の場とする、としている。ややわかりにくいが、今でいうウォーカブルな道路空間を作ることだと考えるとよい。そして、④州道と国道を単なる町への出入りや通過のための「道路」とせず、住宅地と中心市街地の間の重要な「街路」として、落ち着き・静穏化と良質なデザインを求め、最後に⑤州の自転車道ネットワークをシームレスに走行できる空間としてさらに整備して、日常の移動や通勤に自転車を使えるようにすることを挙げている。

前章でみたようにフォアアールベルクの土地利用はメリハリがあるが、この②の政策が大きく寄与している。さらに、駅前や中心市街地が良質な歩行空間になっていることをみたが、これは③や④の実践である。

†地域アイデンティティのある計画

全体として、建築的な側面から地域のアイデンティティを求めつつ、郊外開発を強く規制しながら、中心市街地や駅前といった公共交通へのアクセスが充実しているエリアを重点的に開発し、さらに公共交通サービスを充実させることを、共通の目標として明示的に挙げている。都市の利便性を指向した戦略ともいえるが、別の分科会が策定した、町周辺の豊かな緑地や農地の戦略とも統合することで、地方の開発にありがちな「自動車依存」「安普請の建築物群」「どこも同じ見た目」といった低質な開発から脱却し、地域のオリジナリティを出しアイデンティティを持たせて、都市的な住み心地を自然豊かな地方部で実現することを指向しているのが特徴である。

3　車なしでも実現できる高いアクセシビリティ

†社会変革のツールとしての公共交通

後の章で見るように、持続可能な社会を目指すとは、単に環境負荷を下げるという意味ではなく、ましてやガソリン車を電気自動車に置き換えれば実現するような単純でなまやさしいものではない。ビジョン・ラインタールが重視しているのは、車を持たなくても、あるいは所有している車を日常の移動に使わなくとも、基礎的な移動のニーズを十分に満たすことである。

後の章ではEUがまとめた「持続可能な都市モビリティ計画」（SUMP）について詳しくみるが、SUMPが重視する目的である「アクセシビリティの改善と質の高い、持続可能なモビリティ・交通を提供すること」そのものである。また上でみたさまざまな施策も、第6章で詳しく見る、SUMPが都市交通システムに求める、①アクセスが可能ですべての利用者のモビリティの基礎的なニーズに見合うこと、②市民、ビジネス、産業からのモビリティ・交通サービスに対する多岐にわたる需要にバランスよく対応することや、③異なる交通手段のバランスある発展とより良い統合を導くといったことを、よくカバーしている。その意味で、ビジョン・ラインタールは、のちのSUMPにつながっていく重要な礎であったといってもよい。

ビジョン・ラインタールがモビリティの中核に据える公共交通は、日本と最も大きく異なる部分であろう。前節でまとめたように、ビジョン・ラインタールでは公共交通の役割を単なる「交通事業」「交通弱者の足」とは一切捉えていない。住み心地のよい持続可能な地域づくりに向けて、理想的な土地利用のあり方や空間のあり方を実現するための重要な政策ツールとして位置づけられているのである。「お客がいるからたくさん走らせよう」

「お客がいないから便数を減らそう・運行をやめよう」というような、日本の公共交通機関に対する一般的な発想とは真逆である。積極的に高い利便性の公共交通サービスを先回りして提供し、それを土地利用政策と組み合わせることで、沿線に人々が居住したり企業が立地したりして、さまざまな施設やサービスに車をつかわずとも、そして公共交通で気軽にアクセスできるように、社会を変革している。

†未来を見通せる計画と実践

むろん公共交通サービスを提供すればいいというものではなく、人々の住まいや会社が公共交通沿線に立地することがカギとなる。これは単に人々が公共交通から離れた地域から沿線に引っ越すことだけではなく、新居を購入したり子どもが生まれたりといったライフイベントに際して、あるいは会社やお店の規模が大きくなって新しい社屋や店舗が必要になったときに、市街地の中にとどまるという決断をしてもらうことも同じように重要である。ところが、住まいの場所や会社の立地場所を決めるのは、そう頻繁には行わない、大きな決断を必要とすることである。ビジョン・ラインタールの施策は、一年や三年といった期間限定の「社会実験」で様子を見るのではなく、丁寧な合意形成を経たビジョンを起点に、最初から高いサービスが続くことを実質的に確約している。「社会実験」ののち一年や三年でサービスがまたもとに戻ってしまうかもしれないのでは、住まいや会社の場所までを変えるような大きな決断はできない。長期的な見通しがあるからこそ、駅近くにこの先長い間住まう・立地すると安心して決めることができる。民間の不動産会社も、郊外に投資する代わりに、駅周辺や町の中に安心して投資することができるようになる。その結果として、持続可能な社会づくりが進むことになる。

長期的な安心感を政策として提供することで、人々の住まいも、勤め先となる会社も、あるいは自由時間に出かける買い物場所やレストラン、レクリエーションなどの目的地も、駅から近いところに立地するようになる。これらが頻繁な公共交通サービスで結ばれていれば、わざわざ車で行かずとも、電車やバスで気軽に気楽に向かうことができる、持続可能性の高い社会へとトランスフォーメーションが進むのである。ビジョン・ラインタールの成功の第二の秘訣は、こうした未来を見通せる安心感を提供したことにある。

実は、フォアアールベルクもかつては自動車交通に偏重した開発を行っていた。公共交通を軸に高い質の暮らしを送ることができ、しかも持続可能な社会など、市民は自らが住まうラインタールでは見たことがなかったはずだし、多くの市民には想像もつかなかったことであろう。計画を作る際には、「欲しいですか」「乗ってみたいですか」と、住民にとっては未知のものに対する意識調査やアンケートを行っても、見たことがないものに対しては自然と「興味がない」「いらない」などと回答してしまうのが人間の心理である。ところが、その未知のものがひとたび眼前に現れ、それが実際に高品質で便利なものであれば、人々は実際に使うようになるし、「あってよかった」と言うようになるのである。

†ビジョンづくりの段階から市民を巻き込む

ビジョン・ラインタールの第三の成功の秘訣は、こうした「今目の前にある状況」の影響を受ける調査に頼りすぎず、未知の社会の姿がどんなものになるか見通す専門家と市民の間のダイアログや、見学会という参画機会を数多く組み込んで、変わる社会がどのような姿になるのか、計画づくりから、市民の理解を深めるプロセスを組み込んでいたことにある。交通や地域のつくりはさまざまな部分が連関している複雑なシステムであり、どこか一部だけを切り取って「賛成」「反対」という単純な議論に落とし込んでしまうと、全体を見失うことにつながりかねない。さまざまな参画機会を通して、地域全体がシステムとしてどう動いているかの理解を関係者間で深めて、単純な賛成・反対論に陥らずに地域が持続可能になるためには何が必要であるかを考える機会を数多く設けたことがポイントと言えるだろう。

これと合わせて重要な点が、交通という装置で、思い切って便利になる社会を先んじて市民の眼前に見せたことである。その「見せ場」の最も重要な部分が、鉄道を中核とした、日常生活の中での多様なニーズでの利用に十分耐える、便利で質の高い公共交通サービスであった。土地利用の変革には時には十年を超えるような長い年月がかかるが、公共交通サービスの改良はこれよりは短い時間でも可能だ。

†一〇年で倍増した鉄道利用者

ビジョン・ラインタールの策定から本書の執筆時点までには二〇年弱の年月が流れているが、その間には州全体の鉄道の交通手段分担率は二〇〇三年には三％だったものが、ビジョン・ラインタールの策定とその実践を経た二〇一七年には五％へと増えている（図3－1参照）。報道資料[4]によるものだが、二〇一六年の一日平均のラインタールの鉄道利用者数は一日当たり平均四万六千人で、二〇〇七年からの一〇年弱の間に倍増したとのことだ。またラインタールの鉄道に接続してさらに山奥へと向かう支線も、二〇一一年から二〇一六年の間に利用者が一五％ほど増えた。公共交通が、市民の日常の足として定着している様子がわかる。このように、公共交通が「先回り」して未来の姿を見せることで、上で述べた長期的な安心感を醸成し、「見たことのない社会」が現実のものとなるようにしたのだ。

さて、この公共交通サービスは、どのような制度的枠組みや資金調達の方法で提供されているのだろうか。これらの公共交通サービスは収益をあげることを目的とした「交通事業」として運行されているものではない。また交通弱者の足を守るためだけの「福祉事業」でもない。次節では、この制度的枠組みと資金調達の方法について、少し詳しく見てみることにする。

4 大都市並みの公共交通サービス実現のための制度と資金調達

†PSOによる契約ベースの運営

オーストリアの鉄道サービスは、一九九九年に制定された連邦の「近距離地域公共交通法」で一九九九年〜二〇〇〇年のダイヤの鉄道のサービス水準が基礎的サービスとして保障されている。このサービス水準は、連邦政府（国）の鉄道管理専門の機関（SCHIG）が、鉄道会社に「発注」している。この連邦発注分に加えて、州政府や市町村が独自に追加の列車を「発注」することも可能である。この枠組みを利用して、フォアアールベルク州政府は鉄道サービスを毎年少しずつ追加しながら発注して、サービス水準を少しずつ高めてきたのである。バスサービスも、一九九九年の法律制定時に、以前の事業者が路線ごとの営業権を持っていた仕組みを大きく改め、州政府が主体となって「発注」し、市内で完結するサービスは市町村が「発注」する仕組みに整理された。

どちらの場合も、鉄道事業者やバス事業者が独自の営業戦略でダイヤを決めるのではなく、経済・社会的なニーズや政策的なニーズを十分に加味して、行政が「発注」するという形態を採る。地域の持続可能性の向上や、人々の生活の質の向上といった、商業ベースの公共交通サービスでは目指しえない社会課題を解決すべく、公共交通サービスを公的なものとして提供する枠組みを戦略的に活用したのだ。

鉄道やバスサービスを発注する仕組みは、ＥＵが規則で定める「公共サービス義務」（ＰＳＯ — Public Service Obligation）と呼ばれる枠組みに則ったものである。ＥＵの規則とは、加盟国でそのまま国内法として法律と同等に有効なものであり、したがってＥＵ加盟国であるオーストリアでももちろん有効である。この枠組みでは、事業者が独占的な営業権や補助金を得ることと引き換えに、発注されたサービスを発注された期間中は発注された通りに運営する義務を負う。誤解されやすいポイントであるが、この「義務」とは、自治体が公共交通サービスを確保したり発注したりする義務ではない。どのようなサービスをどれくらい発注するかは、あくまで自治体ごとに決めてよい。事業者から見れば、独占権や補助の受給権という「権利」と引き換えに公共サービスとしての公共交通を定められた通りに運営する「義務」を負うものである。

†列車やバスの本数・運行時間帯は地域戦略

自治体がどれくらいのサービスを提供すればいいのか、どれくらいのお金を投じればいいのかを決めるためには、必ず価値判断が入ることになる。これは誰かが作った計算式があってそれで簡単に決められるような単純なものではなく、何らかの難しい判断と意思決定が必要になる。公共交通へのニーズはさまざまあり、子どもの通学（教育政策上のニーズ）や、交通弱者の足の確保（社会福祉上のニーズ）といった古くから求められる公共交通へのニーズがもちろんある。しかし、これらのニーズだけを考慮していては、フォアアールベルクのような高頻度・高水準のサービスを発注したり、ましてやそのために公的な財源を使ったりすることは難しい。

より重要かつ中核的な役割を果たしているのが、持続可能性や地域の住み心地を高めるといった、地域戦略上のニーズである。地域戦略上のニーズを民主的な方法で合意文書にまとめることで、公共交通の必要性の「裏付け」になり、同時に公共交通のサービス水準を考える際に参照される。フォアアールベルクでは、ビジョン・ラインタールがその判断のよりどころとなるのである。

ビジョン・ラインタールでは、都市と同水準の使いやすい鉄道とバスのサービスによって、公共交通を地域戦略の中核として明確に位置づけている。ビジョンのもう一つの要である土地利用の政策、すなわちスプロール化を抑制しながら公共交通の使いやすい街の構造の街とすることは、これとよく整合するし、後押しもする。

さらに、州政府の上位の目標として掲げられているものに、二〇五〇年までにエネルギーの州内での自給自足の実現がある。州内では豊富な水力発電を背景に再生可能エネルギーの導入が進むが、同時に省エネも重要な課題である。フォアアールベルクの場合、自動車から公共交通利用への転換で移動に要するエネルギー消費を九〇%削減できると試算されている。電気自動車の普及促進など州内で生産可能な再生可能エネルギーへの転換もさることながら、自動車から公共交通や徒歩・自転車へのシフトによって、移動におけるエネルギー消費を削減することも非常に重要な課題である。こうしたエネルギー政策は、ビジョン・ラインタールが示すような住み心地の良く経済的に潤う地域づくりの政策と、公共交通を充実させるという点でまったく同じ方向の地域戦略上のニーズを生み出しており、お互いに後押しともなる。

†実質三割増予算での実現

フォアアールベルクの公共交通は、行政がさまざまな経済・社会的なニーズとビジョン・ラインタールから導出される政策的ニーズを加味してサービス水準を設定し、それに見合う対価を運行事業者に支払う。その財源は運賃収入や交通関連の財源だけではなく、通学関連に充てるための教育予算や、環境関連の予算などをミックスしている。その総額は年間一・五億ユーロ、およそ二二〇億円に上るが、二〇〇四〜〇五年頃は〇・七億ユーロ程度であったから、ビジョン・ラインタールの計画の実施期間を経ておおむね倍増している。ただし、この期間のオーストリア全体の消費者物価指数の変化をみると、物価全体が一・五倍になっている。物価の上昇を考えれば、実質的には三割増程度である。

図3-2にフォアアールベルク州全体の公共交通の運営費用の拠出割合の近年の推移をまとめた。連邦政府の支出分は、上で述べた連邦の基礎的鉄道サービスの部分が主だが、教育省の持つ予算である通学のためのバスなどの予算も公共交通の運営資金に組み込まれる。基礎自治体の拠出分はブレゲンツなどの主要都市の市内のバスが中心で、州政府の支出は鉄道の追加発注分とバスの発注分が主なものである。

黒色で示した運賃収入はコロナ禍前の二〇一九年でも全体の二三%で、四分の一にも満

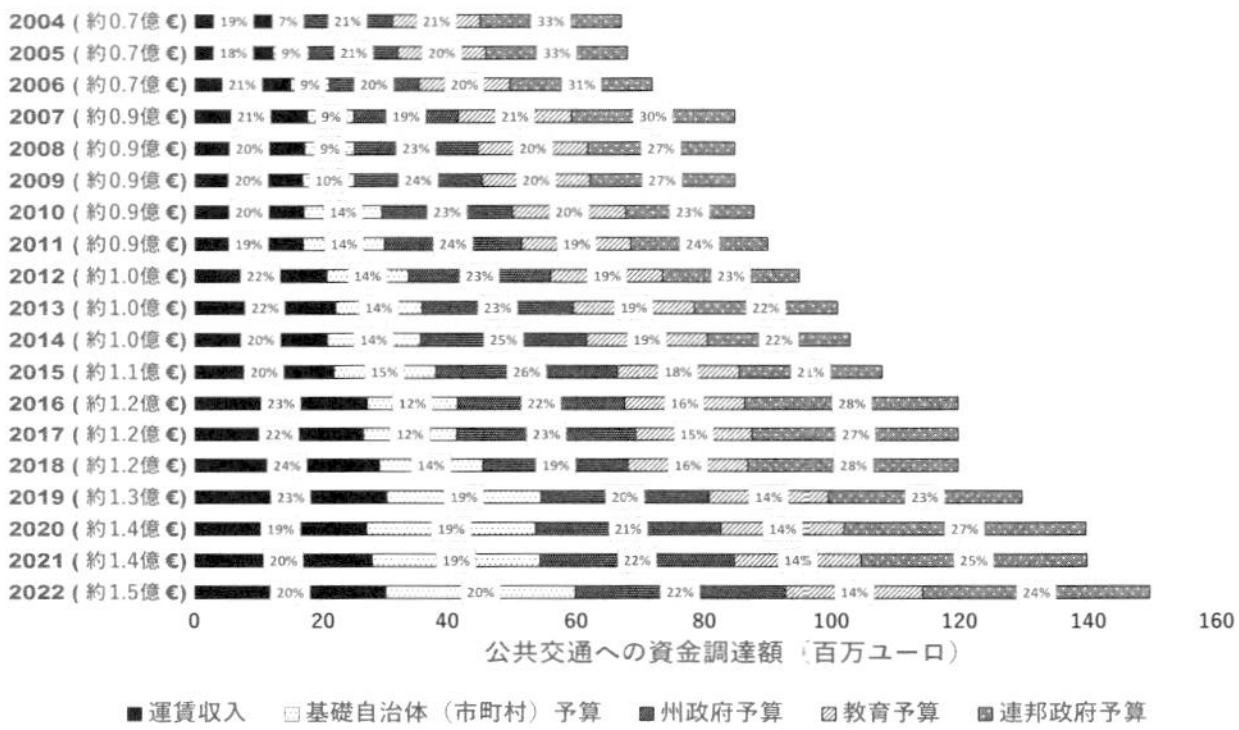

図3-2　フォアアールベルク州の公共交通運営のための資金源の割合の推移
出典：フォアアールベルク運輸連合の資料から筆者作成

たない。二〇〇四〜〇五年頃の時点ではこれが一八％程度であるから、率で見ると改善している。運賃収入以外の公的な財源が約八割を占めるが、人口一人当たりにすると概算で年三四〇ユーロ、一人一日当たりにすれば約九三セントである。決してべらぼうに大きな額ではない。

5　持続可能なフォアアールベルクへ

フォアアールベルク州のビジョン・ラインタールは、公共交通から徒歩圏内の開発によって、住民や企業が公共交通沿線に住まう・立地する地域へとトランスフォーメーションを進める原動力である。そのために地域の交通政策を統合し、鉄道を基幹的交通手段として位置づけ、EUの制度である自治体が事業者に発注するPS

Oの仕組みを利用しながら、地方部にも関わらず都市鉄道並みのサービス水準を実現しているのである。また、紙幅の都合で詳細は触れていないが、道路政策も、道路網の拡張は基本的に行わない一方、駅周辺や中心市街地の道路空間の静穏化と高質化を図ることでインフラの面からウォーカビリティを高め、公共交通への徒歩でのアクセスの改善と中心市街地の空間の質の向上を同時に図っている。

その「目標」は、ビジョン・ラインタールのエリア内にある二九の基礎自治体と州が参加した参画プロセスを通して、個別の施策やプロジェクト単位だけではなく、地域全体が向かうベクトルの向かう先の目標を、二年以上にわたるオープンで民主的な議論を深めることで定めた。この共有の目標が道標となって地域全体のさまざまな政策間の統合が実現している。

1　オーストリアにおける都市・空間計画は州政府が管轄する事項であるが、日本の都市計画区域の指定とは異なり、すべての市町村が土地利用計画を策定することになっている。

2　具体的には、さまざまな人が出入りする施設（行政施設など）や公共交通利用者が多い施設（学校など）は、高頻度のサービスがある公共交通の駅・停留所付近にのみ立地させる。逆に配送センターや工場は、居住地域に影響が出ないよう配慮しつつ、鉄道と幹線道路の付近に立地させる。

3　具体的には、良質な建築物、街路樹、市街としての道路空間設計、街灯、道案内、さらに屋外広告の抑制が重要な手段である。

4　地元のオンラインメディアVOLに依る（https://www.vol.at/vorarlberger-fahren-immer-mehr-bahn/4740883）。

第4章　持続可能性とはなにか

交通によって、まちの姿を変えることができるかもしれない。第1章では、自家用車に頼り切っていた日本の地方都市が、公共交通を整備することで、移動の選択肢を増やすことで、人々のライフスタイルが少しずつ変わり始めている様子をみた。第2章では、オーストリアのフォアアールベルク州がさらに大胆に移動の選択肢を増やすことで、持続可能で豊かな暮らしを実現していることを見た。なぜそうした動きが将来の希望につながるのか。筆者らは、持続可能な社会には、自家用車に頼りすぎない移動の選択肢が不可欠だと考えるからである。

もっとも、「持続可能」という用語は、昨今はいろいろな意味合いで使われる。今ではおなじみになった「SDGs」も、英語の Sustainable Development Goals の頭文字をとったものであり、日本語に訳せば「持続可能な開発目標」だ。しかし「持続」することが「可能」であるとは、そもそもどういうことなのだろうか。いったい何が「持続」するのだろうか。また、その持続が「可能」であるとは、どういうことなのだろうか。本章では、交通という枠にとらわれず、「持続可能性」の意味を考えてみたい。

1 持続「不可能性」から考える

「持続」することが「可能」な状態があるならば、「持続」することが「不可能」な状態もあるはずだ。少し遠回りだし天の邪鬼に思われるかもしれないが、「持続不可能」なことがらの例を通じて、「持続可能」とはいったいどういうことなのか、さまざまな例をもとに広い視野から考えてみたい。

†種の絶滅

まず持続不可能なものの代表例として容易に想像がつくのは、動物や植物の種の絶滅ではないだろうか。例えば、ニホンオオカミは一九〇五年を最後に絶滅したと考えられているが、家畜伝染病や乱獲、さらに農地などの開発による生息地の減少や分断が絶滅の原因になったと考えられている。日本原産のトキは絶滅を防ごうと一九八一年に最後の五羽を捕獲して人口繁殖を試みる努力がなされたが、その結果もむなしく二〇〇三年に最後の一羽が死亡して途絶えてしまい、現在繁殖活動が行われているのは中国から移入されたものである。ほかにも絶滅が危惧される種は多く、コウノトリやアカウミガメ、沖縄に生息するイリオモテヤマネコやヤンバルクイナなどがよく知られている。こうした生物が絶滅してしまう状況は、生物多様性の面で「持続不可能」な状況の一例である。

†乱獲と生態系の破壊

絶滅とやや似ているが、乱獲の結果、生態系が破壊されてしまい、魚が採れなくなってしまう話を耳にしたことがあるかもしれない。有名なのはカナダ北東部のニューファンドランド沖にある、グランドバンクスと呼ばれる大陸棚の例だ。寒流と暖流が交わり、タラなどがよく取れる世界有数の漁場として長らく知られていた。しかし、一九五〇年代以降のトロール船による底引き網漁の普及や漁船の大型化などで乱獲が進み、一九九〇年頃にはタラがほとんど獲れなくなってしまった。政府の漁業規制もむなしく、いまだにタラは戻っていない。底引き網漁が海底の地形まで破壊してしまい、タラの産卵場所が減ったり、人間が利用したり食べたりはしないが生態系の中では重要であった他の魚までも一緒に獲りつくしてしまったりして、生態系が破壊された結果だと考えられている。さらには漁業で生計を立てていた漁師たちも生活が苦しくなり、出稼ぎや、村を離れるといった事態へと発展した。生物多様性のみならず、漁業という産業、そしてそれを基盤としていた地域の社会もが「持続不可能」な状況に陥った例である。

†化石燃料

人間社会と密接に関わるものの中では、石炭や石油、天然ガスに代表される化石燃料も持続不可能なものの一例である。化石燃料は、はるか昔の地質時代の植物などの堆積物が、非常に長い年月をかけて地球内部の高温・高圧で変化してできたものである。百万年以上の長い時間をかけて蓄積されてきたものである。これを、産業革命以降の数十年〜数百年の短い時間の間に一気に掘り出して大量に消費すれば、いずれどこかのタイミングで枯渇することが容易に想像される。長い目で見る必要があるが、いつかは必ず枯渇するから、これも「持続不可能」である一例だ。化石燃料以外の鉱物全般にもあてはまることだが、太陽光や風力など、人間社会による利用程度では枯渇しない「再生可能」な性質のものにはあてはまらない。

†心身の健康

我々の日常生活の中でも、持続不可能な状況が十分に起こりうる。食費を削ろうとすぎるあまり、バランスの悪い偏った食事を続けてしまったり、友人らとの外食をまったくしなくなってしまったら、栄養失調に陥ってしまったり、食事を楽しむことで構築できる人間関係ができず心の健康を崩してしまったりするかもしれない。やりすぎた節約が心身の健康を損なう例だが、こうした「やせがまん」の類も、それゆえに健康的な生活を送れない状況になっているという点では、ある種の持続不可能な状況といえる。支出の配分を調整したり、社会的なセーフティーネットや職業を通じて可処分所得を増やしたりすることで、対応可能なことがらでもある。

†過疎化と一極集中

「まち」の世界でも持続不可能なことが起きうる。過疎地域中心に、住民の半数以上が六五歳以上のいわゆる「限界集落」として消滅の危機にさらされる集落が多数あるが、この状況も「持続不可能」に近いものの一例である。総務省と国土交通省による調査では、二〇一五年から二〇一九年までの間に、日本全国で一三九もの集落が無人化(消滅)している。こういった中山間地《ちゅうさんかんち》のみならず、一定の人口の集積がある地方都市でも、似たような持続不可能さをはらんでいる様子がうかがえる。

現在でも、東京を中心とする首都圏では人口の国内移動による大幅な転入超過で人口増加が進み、中京圏と、関西圏をあわせた三大都市圏の人口の比率は将来も増え続けると予測されている。また各地方の中心となる札幌、仙台、広島、福岡といった都市へも人口の流入がみられる。こうした都市への人口移動は、日本全体の人口が大きく増え、特に農村部の人口が爆発的に増加していた高度経済成長期には、急速に増える地方部の人口を都市が吸収するという側面が強かった。しかし総人口が減少に転じている現在では、三大都市圏や大都市の人口増加と表裏一体で、中小の都市の人口は減少していることを意味する。じわじわと人口が減っていくことがわかっていながら、何も手を打たないのも、持続不可能となる道を自ら歩んでいると言ってよい。

2 持続不可能なものの特徴

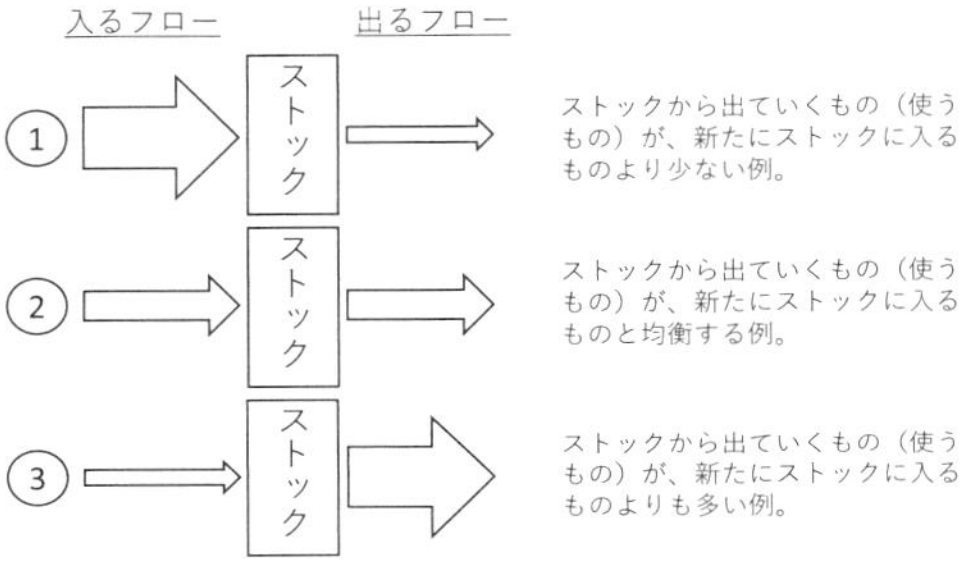
入るフロー
出るフロー
1
ストック
ストックから出ていくもの（使うもの）が、新たにストックに入るものより少ない例。
2
ストック
ストックから出ていくもの（使うもの）が、新たにストックに入るものと均衡する例。
3
ストック
ストックから出ていくもの（使うもの）が、新たにストックに入るものよりも多い例。

図４－１　ストックとフローの概念

ここまで持続不可能な事例をいくつか見てきたが、これらからわかる「持続不可能性」の特徴がいくつかある。一つ一つ詳しく見ていこう。

†崩れた出入りのバランス

最も重要な点は、「出ていくもの」や「使うもの」と、「新たに生み出されるもの」「新たに獲得できるもの」のバランスが崩れると、持続不可能性が増すということだ。図4-1はこれをストックとフローの図で表したものである。ストックとは「たくわえ」という意味であるが、そこに入るフローと出るフローのバランスで、その「たくわえ」が増えるか減るかが決まる。図中の①はストックに入るフローのほうが出るフローより多く、ストックは増えていく。②の場合は出入りが同じでストックは変化せず、③の場合は出るほうが多いからストックが次第に減っていく。身近な例では、収入（入るフロー）のほうが支出（出るフロー）より多ければ貯金というたくわえが増えていくが、収入と支出が同じであれば増えも減りもせず、支出のほうが収入より多くなればたくわえは減っていくが、これは①〜③にそれぞれ対応している。

さきほどあげた持続可能性に関わる例の中では化石燃料の例がわかりやすい。化石燃料が蓄えられていくペースよりも速いペースで人類が使用しているのは図の③の状態で、いつかはストックが底をついてしまう。魚の例の場合は、②のように漁獲量が漁業資源回復のスピードと同じであればよいが、③のように獲る量が増えすぎてしまうと漁業資源というたくわえが減ってしまう。過疎も基本的には、人口というストックが社会全体でみると③の状態に陥っている例である。また、やせがまんの例は、お金の流れだけを①や②にすることにとらわれすぎた結果、心身の健康を保つために必要な「入るフロー」と「出るフロー」のバランスが崩れてしまった例だといってもよい。

また絶滅してしまった動物の例が示すように、消滅したり壊れてしまったりしてから回復することは、たいていの場合は不可能である。また、枯渇する直前や、消滅しそうな時、いわば「風前の灯火」になってから手を打とうとすると、莫大な労力をかけても、もとの回復は難しいことは、トキの例や魚の乱獲の例が示している。

†一つの目的だけを追うと……

二番目に、一つの点だけに着目して推し進めると、視野に入っていない他のところで別の副作用をもたらし、それが持続不可能性に導く要因になることである。節約家の例では、金銭的な節約を重視しすぎるあまり、心身の健康という別の面に影響が出る。ニホンオオカミの絶滅は、毛皮の採取や土地の開発といった特定の側面だけを重視して乱獲や生息地の減少が進んだ結果であるともいえる。

†明らかになるまでの「時間差」

第三の重要な点として、「持続不可能性」が誰の目にも明らかになったときには、すでに手遅れであることが多い点が挙げられる。これは持続不可能性が「システム」の働きにより失われることによる。魚の乱獲の例は、産卵場所や住みかとなる大陸棚の海底地形、さらに食物連鎖の中の食べる・食べられるという関係からできていた生態系という一つのシステムが、漁業のやりすぎによって壊されてしまい、システム全体が壊れてしまった例である。また人間の心身も一つのシステムだが、食費の過剰な節約の例も、節約のやり過ぎで心や体のシステムが機能不全に陥って、健康を害する例だと理解できる。どちらの例も、問題が明らかになったときには、システム全体が壊れかかっているか、すでに壊れてしまっている例だ。

持続不可能性が明らかになるほどの影響が出るまでには、問題のスタート点からの時間差がある。特にゆっくりとした社会の変化や、資源の減少、環境の変化といった、変化にかかる時間が長く我々が簡単に知覚できないものほど、システム全体が壊れていることに気づくことが難しく、注意が必要である。

†最適行動の選択の結果としての持続不可能性

そして最後に、持続不可能性を特徴づけるものとして挙げられるのは、一人一人がそれぞれ最適な行動を選択していった結果として、持続不可能になることがある点である。都会への人口集中と地方部の過疎化は、一人一人が学業や職業の選択を行っていった結果である。一人一人にとっては、それぞれの選択は理にかなったものだろう。ところが、社会全体としては大都市への一極集中が起こり、過疎化が進んでしまうという点で「合成の誤謬」が発生し、持続不可能性をはらむことになる。再び魚の乱獲の例をあげれば、漁師一人一人はなるべく多く稼げるように、なるべく多く魚を獲ろうとするが、それが結果的に魚の激減につながり、生態系を破壊するどころか稼ぐことすらできなくなった「持続不可能」な例だ。

3 持続可能な社会づくりのために

†「コモンズの悲劇」と持続可能性

ここまで、魚の乱獲を例に出しつつ、「持続不可能」な例を考えてきた。実は「持続可能性」という言葉は、もともと資源管理の専門用語であった。「持続可能性」に対応する言葉で記録に残る最も古いものは一七一三年にドイツで書かれた森林管理の教科書に登場するNachhaltigkeitで、現代のドイツ語でも「持続可能性」を指す言葉だ。なお英語でsustainabilityという単語が登場するのはオックスフォード英語辞典によれば一八三五年であるが、現代とはやや異なる意味で用いられている。

森林や魚のような多くの人が比較的容易にアクセスできる共有の資源が乱獲され、資源減少や枯渇に至ることを、経済学では「コモンズの悲劇」と呼ぶ。その「悲劇」を防ぎ、将来にわたって樹木を利用したり魚を獲り続けたりできるようにするにはどうしたらよいのかという課題が、持続可能性という言葉が現代的な意味で最初に使われた例である。ただしもともとは専門書にだけ登場する言葉であり、広く一般に使われだすようになるのは一九七〇年代以降である。

魚の乱獲を題材にした持続可能性では、ローマクラブの報告書『成長の限界』の著者のひとりであり、アメリカのマサチューセッツ工科大学の教授であったデニス・メドウズが一九八六年に開発した「フィッシュバンク」と呼ばれる教育用のシミュレーションゲームがよく知られている。世界規模の漁業をテーマにしたもので、当初はボードゲームであったが、現在ではインターネット上でも利用できるようになっている。持続可能性の基本的な考え方を理解するためには優れたものである。このゲームにはロールプレイング的要素が盛り込まれ、参加者が船長や船員としてチームを作り、同じ資本や設備でスタートするが、世界中のどこでどの魚を獲るか、船を売ったり買ったりするかなどを決めながら、他のチームと競う戦略シミュレーションゲームである。

これを通して、漁業資源のような「ストック」と、毎年の漁獲量などの「フロー」の関係を直観的に学ぶことができるように設計されているが、これは先に取り上げた持続不可能性の第一の特徴に対応する。また、チームごとの最適解を求めていった結果、資源が枯渇することを学べるあたりは、第二の要素に対応する。また全体の動きは、問題の発生から顕在化までの時間差、つまり第三の要素を理解するのにも役立つ。この考え方は「システムダイナミクス」と呼ばれるシミュレーション手法と共通するもので、都市や交通の複雑な政策の数値シミュレーションなどにも現在では用いられている。

†「ブルントラント報告書」から「SDGs」へ

「持続可能性」という言葉が、資源管理の世界を離れて、より広く人間社会全体に対して用いられるようになった重要な契機として、一九八七年四月に公表された、「私たちの共有の未来（Our Common Future）」という報告書が知られている。これは国連に設置された「環境と開発に関する世界委員会」による報告書であり、委員長を務めた当時のノルウェー首相のグロ・ハーレム・ブルントラントの名をとって「ブルントラント報告書」と呼ばれる。報告書全体は発展途上国の開発に主眼が置かれているものであるが、こんにちでは先進国にも通用する重要な概念を打ち出している。とりわけ、「将来世代のニーズを損なうことなく現在の世代のニーズを満たすこと」として「持続可能な開発」の概念がこの報告書で提示されたことは画期的で重要な点だ。

これが一九九二年のリオデジャネイロにおける「環境と開発に関する国連会議」、いわゆる「地球サミット」の下地となり、この会議で採択された「環境と開発に関するリオ宣言」へとつながる。この会議では同時に、地球温暖化防止の枠組みを定める「気候変動に関する国際連合枠組条約」も調印された。その後、「持続可能な開発」に向けたより具体的な目標として「ミレニアム開発目標」が二〇〇〇年に策定された。

このように、持続可能性という概念が、当初の漁業資源の管理と安定的な漁獲から人間社会全体に対して用いられるようになった過程は、地球上の人口の急増と工業開発を通じて地球環境問題がクローズアップされてくる過程と軌を一にするものである。持続可能性の議論の中心には、開発と環境を相対するものではなく両立させ、いかに自然環境の保護

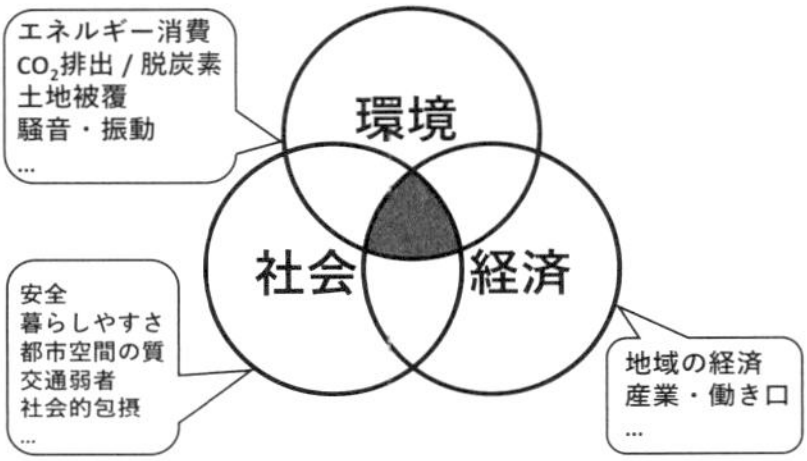

図4－2　持続可能性の三要素

をしながら、世界中で途上国を中心にいまだに残る貧困や教育の問題などを解消するか、という点に主眼が置かれてきた。「ミレニアム開発目標」の目標年次は二〇一五年であったが、これを継承し、発展させる形で、二〇一五年に国連総会で採択されたのが「持続可能な開発のための二〇三〇アジェンダ」である。これは、「ミレニアム開発目標」から引き継いだ貧困の解消や公衆衛生、初等教育や栄養の充実といった、主に発展途上国を想定した課題のみならず、ジェンダー平等の推進や資源と生態系の保全、災害リスクの低減や気候変動の対応といった、先進国でも重要な課題も包含するアジェンダとして合意されたものである。広く知られるSDGsも、実はこの二〇三〇アジェンダの一部として、具体的な目的とそれらに対応する目標値として含まれているものである。

†社会・経済・環境の持続可能性の両立

こうした経緯を経て発展してきた「持続可能」という概念は、社会、経済、環境の三つの側面で、地域や社会、国、ひいては地球全体の機能を将来にわたって継続していくところに本質がある。図4‐2にこれをベン図として示した。ひとつひとつの円が社会、経済、環境のそれぞれの領域が持続可能な場合を指すが、本来の意味で「持続可能」であるのは、この三つの側面のいずれもが持続可能であるのが重なる、中央の色の濃い部分の状態である。

社会、経済、環境のどれか一つやその一部分だけが持続しても、全体が持続しないのであれば、本来の意味での「持続可能」であるとは言えない。本書の「はじめに」で、昨今の日本における交通政策の世界でも「持続可能」という言葉が使われるが、それは単に「交通事業が『将来に渡り維持される』程度の意味でしかない」ことを指摘した。議論されている内容や施策の中心は「今ある公共交通をどのように維持していったらよいのか？」という点にあり、先に挙げた漁業資源の保全による安定的な漁獲高確保における「持続可能」の意味と、せいぜい同じ程度か、おそらくそれ以下の狭い意味でしかない。「公共交通が持続可能な社会づくりにおいてどのように役立つ必要があるのか？」という、持続可能性の議論で最も重要な観点が抜け落ちている。日本の交通政策において、「持続可能」という用語が使われるとき、「本来の意味を棚上げした矮小化」された概念であるということを理解しなければならない。

SDGsには、一七の目的が列挙されており、それぞれの目的の下にはさまざまな目標値が具体的に掲げられている。交通やまちづくりの関連では、目的一一「都市と人間の居住場所を包摂的、安全、強靱かつ持続可能なものにする」との目標があり、この下に、持続可能な都市や人間の居住環境に関するさまざまな目標値がふくまれている。交通に関連して特に留意すべきは目標値一一・二で、二〇三〇年までに、安全、安価で容易に利用でき、持続可能な交通へのアクセスをすべての人に提供し、それによって道路の交通安全も改善することを謳っている。特に公共交通機関の拡充をそのための手法として挙げており、また脆弱な立場にある人々、具体的には女性、子ども、障がい者や高齢者のニーズには特に注意を払うことを挙げている。その直前にある目標値一一・一には、二〇三〇年までにすべての人々に適切、安全かつ安価な住宅や基本的サービスへのアクセスを提供することも書いている。交通という意味では、「交通弱者」が存在し、社会の基本的サービスへのアクセスに困難をきたしているような状況を改善する目標だとも理解できる。また直後にある目標値一一・三では、二〇三〇年までにすべての国において、包摂的で持続可能な都市化を進めるとともに、参加型・統合的で持続可能な都市計画・まちづくりのマネジメントの能力を高めることを掲げている。

こうしたSDGsにおける目標設定からもわかるように、持続可能な社会に向けての交通政策の本質的な論点は、「交通の体系を持続可能な社会づくりにおいてどのように役立たせていくのか」という点である。

交通分野は日本でも温室効果ガス排出の約二割を占めるなど、地球温暖化防止とカーボンニュートラルの観点からも非常に重要である。ところがややこしいことに、交通手段には公共交通や自動車のほか、徒歩や自転車などもある。言うまでもなく、交通だけで、社会が持続可能なものになるわけでもない。本章では、持続可能な社会を目指すなかで交通とモビリティがどのような役割を果たすのか、なぜ重要かを、さまざまな観点からみていく。

1 社会の基盤としてのモビリティ

我々人間にとって、モビリティ、すなわち「自由自在に移動できる特質」は、人間活動の最も基盤をなすものであるといっても過言ではない。人間社会の最も重要な特徴のひとつは、人々が何かを共同で行ったり、人と人とが取引をしたりすることであるが、そのためにはヒトが「移動する」ことで、どこか決まった場所に集まるという行為が欠かせない。これはすなわち、移動に制約があるほど人間の活動範囲が狭まり、逆に制約が少なければ活動の範囲が広まり、その結果として社会全体が豊かになることを意味する。また、何かを共同で行うには人と人との間の意思疎通が必要であるが、その基盤となる言葉でのコミュニケーションには、やはり人々の移動という行為がその基盤になる。さまざまな通信手段が発達しているとはいえ、実際に会うことでしか成り立たないコミュニケーションがあることはコロナ禍で強く感じられたが、その意味でもモビリティは社会にとって欠かせない。

経済の発展を考えても、生産地から離れたところへ物資を運び、労働力を集めることで、それぞれの地域や事業所において分業が進展し、生産力を高めてきた。さらに、分業によって特化した生産物を、交通手段を使って運び、交換し、貿易をすることで、人は自分の住んでいるところにはない商品を手に入れることができるようになった。経済活動もまた、人とモノのモビリティが確保されることで発展してきたのである。

†「交通」と「モビリティ」のちがい

ここで改めて言葉を少し整理しておこう。「交通」というのは、ヒトやモノが場所を移動するということそのものを指す。あるいは「動き」を指すといってもよい。英語であればtransportあるいはtransportationが、これに対応する言葉になる。蛇足だが、transportは主にイギリス系の英語、transportationは主にアメリカ系の英語で使われる単語であり、同じ意味である。また英語にはtrafficという単語もあり、これも「交通」と訳すことがあるが、こちらは交通の「流れ」を指す言葉であり、専門的には「交通流」と訳すことが多い。

これに対して「モビリティ」とは、自在に動き回ることができる性質を指す。ここで「できる」という部分を強調するのは、「モビリティ」が指すのは、実際に動き回っているかどうかのみならず、動くことができるかどうか、動きやすいかという、可能性にその中心が置かれる概念だからである。日本語の定訳はないが、英語のmobilityが語源である。これは形容詞mobileに名詞化する接尾辞-ityが付いたものだが、形容詞mobileとは「移動しやすい」「動き回ることができる」「動かせる」といった意味である。こちらのほうが、日本語に「モバイル」としてそのまま入っていて携帯電話・スマホやノートパソコンを指すことが多いのでおなじみだろうが、これも固定電話やデスクトップ型のコンピュータと対比して「移動しやすい」「動かしやすい」ことを指している。このことからも、「モビリティ」が「動きやすさ」を表す概念であることがわかる。人間自身が「モバイル」であることが「モビリティ」であると言ってもよい。

†モビリティは欲求とのギャップを埋める

それでは、人間自身のモビリティが重要なのはなぜだろうか。なんとなく直感的にわかるような気もするが、本質に迫るために少し掘り下げて考えていこう。われわれ人間には、なぜモビリティが必要なのだろうか。

「マズローの欲求五段階説」を持ち出すまでもなく、人間にはさまざまな欲求がある。マズローの五段階説では、人間の最も基本的な欲求は生命を維持するための生理的欲求であり、例えば食欲がここに含まれる。食欲を満たすためには食べ物が必要だが、欲しい食べ物が目の前でいつも手に入るということはまずない。現代社会で食欲を満たすためには、買い物をして食材を手に入れたり、誰かからおすそ分けをしてもらったり、あるいは食堂やレストランに食べに出かけてもよい。いずれにしても、自分自身がどこかに移動しないといけない。あるいは、出前・デリバリーを頼んでもよいが、その場合は食べ物という

「モノ」をだれかが移動してくれて自分のところに運んできている。どちらにせよ、食欲を満たすには、モビリティが欠かせない。

マズローの五段階説の第二段階は「安全欲求」と呼ばれ、安全な環境にいたい、健康でありたいといった欲求である。病院に行ったり、薬を手に入れたりするためには出かけないといけないことからもわかるように、安全欲求を満たすためにも、やはりモビリティが欠かせない。

三段階目は「社会的欲求」と呼ばれ、これは家族や友人、同僚などに「受け入れられたい」という欲求、あるいは「帰属の欲求」などと呼ばれるものである。そのためには、ほかの人々に会うことが欠かせないが、この場合もやはり自分自身がどこかに移動したり、ほかの人々が自分を訪ねてきてくれたりしないといけない。いずれにしても「自在に移動できる」こと、すなわちモビリティが社会的欲求を満たすためには非常に重要である。四段階目、五段階目は割愛するが、ここまでに述べた基礎的な段階の欲求の上に実現されるものであり、モビリティが欠かせないことに変わりはない。

目の前に食べ物が常に十分にあれば、わざわざ買い物に行く必要はないかもしれない。しかしそのような状況は実際にはなかなかなく、足りないものや追加したいものを買い足しに行くか買ってきてもらう必要がある。これは目の前にあるものでは欲求が満たされなくなった状況であり、その「欲求が満たされない」状況が、移動という行為につながる。また、学校で毎日会うクラスメートのように、会いたい相手もその場にいるときは、学校から別の場所にわざわざ移動する必要がないかもしれない。しかし、そういった場は限られていて、たいていは相手を訪ねたり、どこかで待ち合わせて会ったりする必要がある。これもまた、目の前で欲求が満たされないときに、移動をするという行為につながる例である。そもそも学校に行くという行為も、自宅から学校まで移動をすることで初めて成り立つから、やはりモビリティが欠かせない。

このように、われわれが自由自在に移動できること、つまりモビリティを必要とする根源は、われわれにはさまざまな欲求があり、それが今いる場所では実現できないからこそなのである。別の言い方をすれば、われわれ自身の持つさまざまな欲求と、今いる場所で満たされる欲求の差を埋めるために、今いるのとは別の場所でその欲求を満たすべく移動できること、つまりモビリティが欠かせないのである。

ドライブを楽しみたい、列車に乗ってぼーっと外を眺めたい、というように、移動することと自体が欲求かのように思われる場面もあるが、これらもよく考えてみれば「普段とちがう場所に行きたい」「流れる景色を見たい」というような欲求が根源にある。出口のないトンネルをひたすら走り続けることではこうした欲求が満たされないことからもわかるように、単に動き回ることそのものが欲求なのではない。モビリティの根源には、移動そのものとは別のところになんらかの欲求がある。

ここまではヒト自身が移動するモビリティについて考えてきたが、何かモノを手に入れたいという欲求が満たされるためには、モノのモビリティも同様に重要である。目の前で手に入れることができないモノを手に入れたいという欲求を満たすには、そのモノが流通していることが必要である。お店に商品を並べることも、通信販売やオンラインショッピングを通じて商品を宅配することも、まさに物流網の構築によって、モノのモビリティが確保されているからといえる。

2　モビリティ実現の手段としての交通機関の発達

こうした人間のさまざまな欲求は移動の根源であり、モビリティが重要なゆえんであるが、その結果生じる実際のヒトやモノの動きが「交通」である。その交通を実現する手段にはさまざまなものがあり、時代とともに進化してきた。

†徒歩から動力による交通手段への発展

人間にとって最も基本的な交通手段は「歩く」ことである。江戸時代までの日本は、陸上の人の移動の大半は徒歩によっていたし、モノの移動も歩いて運んでいた。長距離のモノの移動には北前船などに代表される帆船を使った海上交通も広く使われた。また欧米では、近世になると馬や馬車も使われたが、日本でこれが普及しなかったのは江戸幕府が馬の使用を大きく制限したことの影響が大きい。

近代化が進んだ明治以降は、産業革命の象徴である蒸気機関で動く鉄道や船が導入された。また馬が線路の上で車両を引く馬車軌道も各地で建設された。電気式の鉄道も、明治期のうちに日本にも導入されている。

自転車が今の形になったのは一九世紀末であるが、「安全型自転車」と呼ばれる、チェーンでペダルから車輪に回転を伝える機構と、今ではすっかり当たり前になった空気入りゴムタイヤ、そしてペダルをこがずとも惰性で進むフリーホイールと呼ばれる機構の発明によるところが大きい。自転車が日本で本格的に普及し始めたのは一九二〇年代頃からである。

エンジンを使う自動車やバスが登場したのも一九世紀末から二〇世紀の初頭にかけてであるが、本格的な普及は第二次世界大戦よりも後である。自動車が大量生産されるようになったことと、道路の舗装や整備が進んだ影響が大きい。また、一九八〇年代以降のジャ

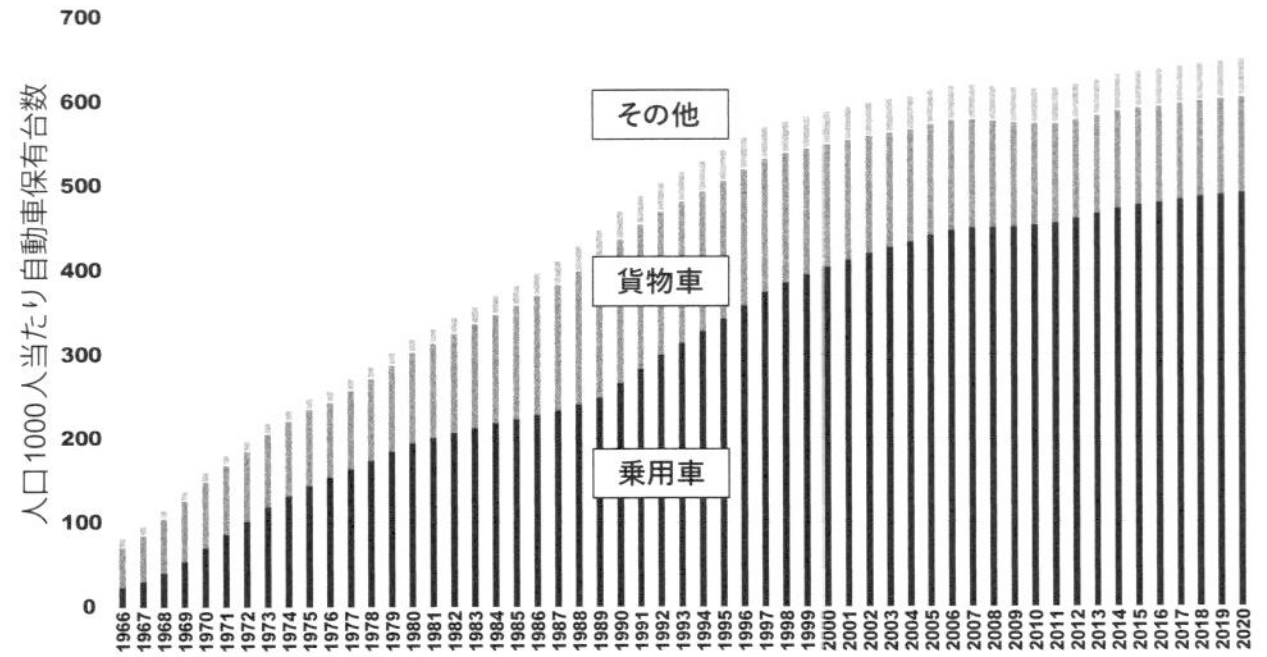

図5-1　日本における人口1000人当たりの自動車保有台数の推移
出典：一般財団法人自動車検査登録情報協会の統計データおよび総務省統計局データから筆者作成

ンボジェット機の時代になると、長距離移動の交通手段として飛行機も広く使われるようになった。一九六四年の東海道新幹線の開業以降、高速鉄道も交通手段の一つとして日本のみならず世界各地で建設が進んだ。

このように、過去一五〇年ほどの間に、産業革命や近代化の進展とともに、交通手段は大きな進化を遂げた。またその普及という点でも、現在にいたるまで着実に歩みを進めている。

図5-1には人口一〇〇〇人当たりの自動車保有台数の推移を示している。急速なモータリゼーションが進んだのは昭和の時代のできごとのように思われるかもしれないが、平成に入ってから令和初期に当たる一九九〇年から二〇二〇年の間の三〇年間にも、日本国内を走る自動車の数は約三〇〇〇万台から約六〇〇〇万台へと倍増している。

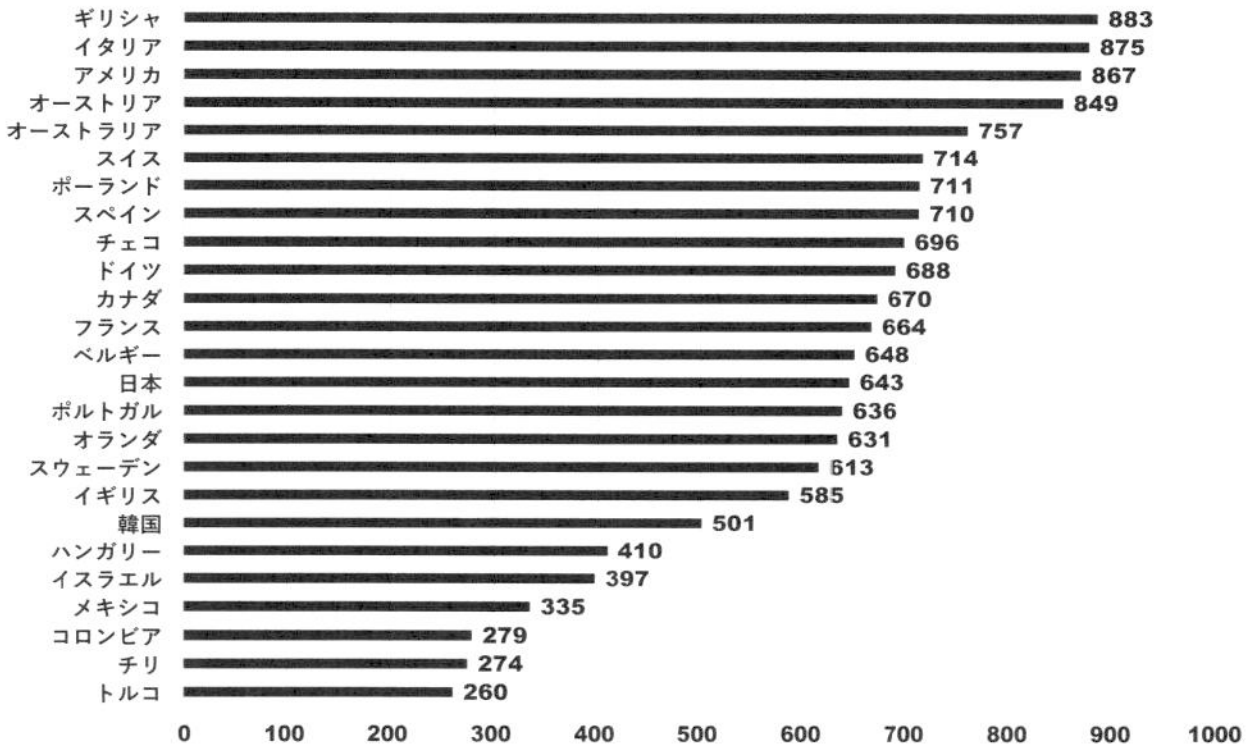

図5-2　人口1000人当たりの自動車保有台数（乗用車やトラックなどの合計）
出典：Our World in Data が WHO, Global Health Observatory（2022）; United Nations-Population Division（2022）からまとめたデータを基に筆者作成。CC BY ライセンス

人口一〇〇〇人当たりの乗用車保有台数の推移をみても、一九九〇年の約二五〇台から、二〇二〇年には四九〇台と、やはりほぼ倍増している。特に増え方が大きいのは、バブル経済期の一九九〇年頃から、世紀の変わり目の二〇〇〇年頃の間であった。図5-2には主な国のデータをまとめたが、クルマ社会化が極端に進んだ北米やヨーロッパの一部の国を除くと、日本は先進国の一般的な水準にある。

†多様化する欲求とモビリティ

こうした近代の交通手段がなかった時代は、われわれ人間のモビリティは徒歩で可能な範囲に限られており、移動できる範囲も狭かった。しかし欲求の根源となる情報の流通もやはり限られており、一人一人の持つ欲求そのものもさほど多様ではなかったはずである。さまざまな交通手段が発達することでヒトやモノが移動できる範囲は格段に広がり、通信手段の発達によってひとりひとりが手にすることができる情報が激増した。その結果、われわれ人間の持つ欲求は多様化し、複雑化するとともに、徒歩圏内を超えた広い範囲で欲求を満たすことが可能になった。

異国の地を見たいと海外旅行に出かけることがごく当たり前に行われているが、これは情報を手に入れることで欲求が生まれ、航空機など長距離の交通手段によって異国までのモビリティが確保されていることによって実現している例である。日常生活でも同様に、情報から欲求が生まれ、モビリティによって実現していることにはさまざまなものがある。例えば遠く離れた職場に通勤したり、自分が望む遠くの学校へ通ったり、応援するサッカーチームの試合観戦のために遠くの街へ出かけたり、という行為をわれわれはごく当たり前に行っている。またスーパーで地球の裏側で生産された果物や野菜を手に入れたり、地球上のさまざまな産地のコーヒーを飲み比べるカフェがあったり、オンラインショッピングで購入した品物が外国から直接届くこともあるが、これらは情報が増えて多様化・複雑化した欲求を、モノのモビリティを通して実現している例である。

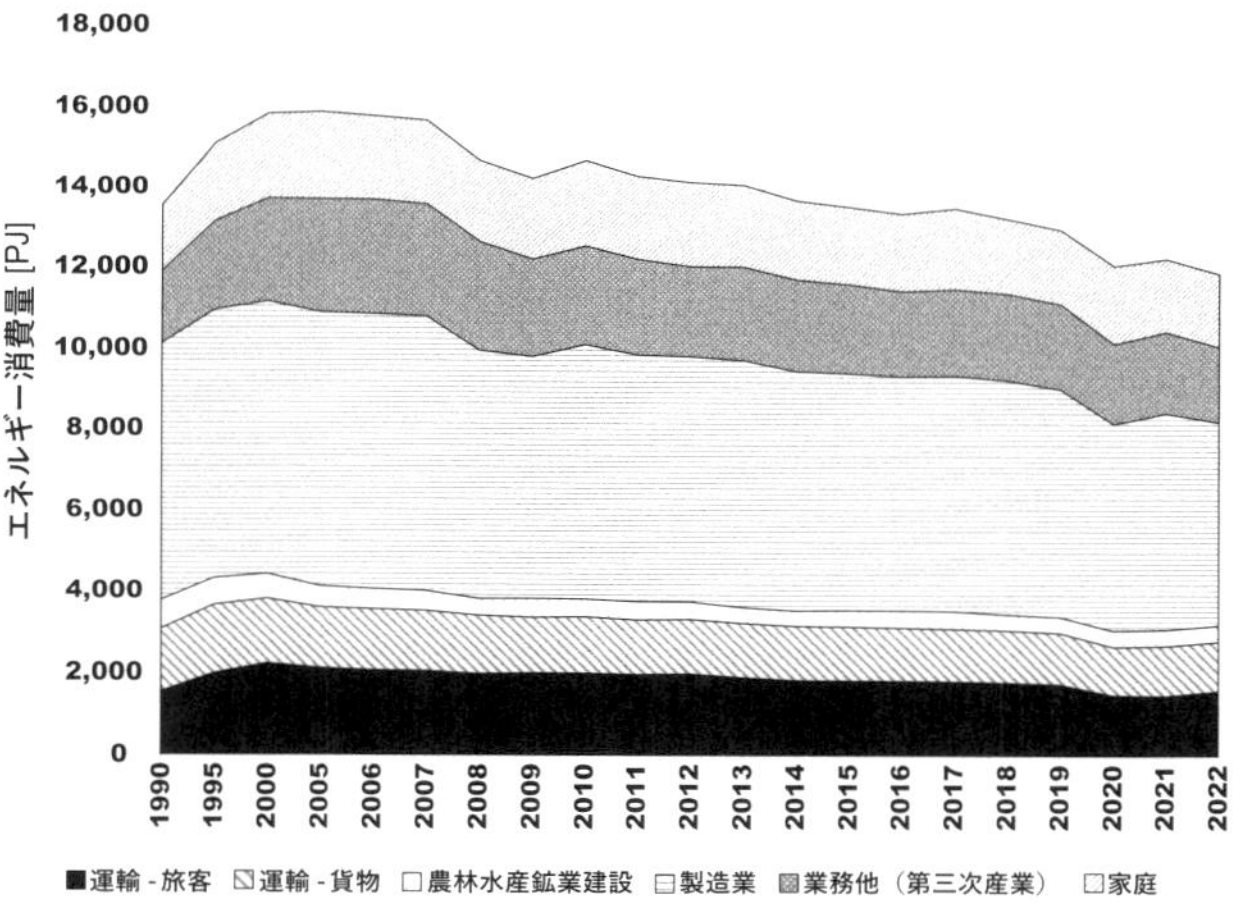

図5－3　日本における部門別エネルギー消費量の推移
出典：資源エネルギー庁「総合エネルギー統計」を基に筆者作成

3　交通によるエネルギー消費と温室効果ガスの排出

　モビリティを担保する基盤となる交通手段は、実はわれわれの社会の中で驚くほど大量のエネルギーを消費し、その結果として大量の温室効果ガスを排出している分野でもある。図5－3に日本の部門別エネルギー消費量の推移をまとめたが、ヒトやモノの移動に用いられる運輸部門は、二〇〇〇年から少しずつ減少しているとはいえ、今でも日本全国のエネルギー消費の二四％を占めている。表5－1に二〇二二年のデータをまとめたが、一〇％は貨物部門、すなわちモノの移動に、一四％は旅客部門、すなわちヒトの

部門	2022年		対1990年比
	総量［PJ］	割合	
農林水産鉱業建設	393	3%	55%
製造業	5,018	42%	79%
業務他（第三次産業）	1,892	16%	107%
家庭	1,796	15%	110%
運輸―旅客	1,613	14%	103%
運輸―貨物	1,186	10%	79%
合計	11,897	100%	88%

表5－1　2022年の日本における部門別エネルギー消費量
出典：資源エネルギー庁「総合エネルギー統計」を基に筆者作成

移動に費やされている。また一九九〇年と二〇二二年を比べると、貨物部門こそ二一%減少しているが、旅客部門は三%上昇している。同じ期間に人口は約二・六%増えているから、一人当たりのエネルギー消費に換算すれば、ここ三〇年ほどの間、日本人が国内での移動に費やすエネルギーは省エネが進んだりエコカーが普及したりしたにもかかわらず、若干増えたことになる。

また、エネルギー消費にともなって排出される二酸化炭素などの温室効果ガスの排出も、同様に運輸部門が占める割合は高い。図5－4は一九九〇年から二〇二一年までの日本の二酸化炭素排出量をまとめたものである。二〇二一年の数値を見ると、運輸部門からの総排出量はおよそ一・八億トンで、エネルギー起源のCO_2排出のおよそ一九%、廃棄物の焼却など非エネルギー起源のものも含めた全CO_2排出でみても全体の一七%を占めている。この一・八億トンのうち約一億トンが旅客部門から、約〇・八億トンが貨物からであ

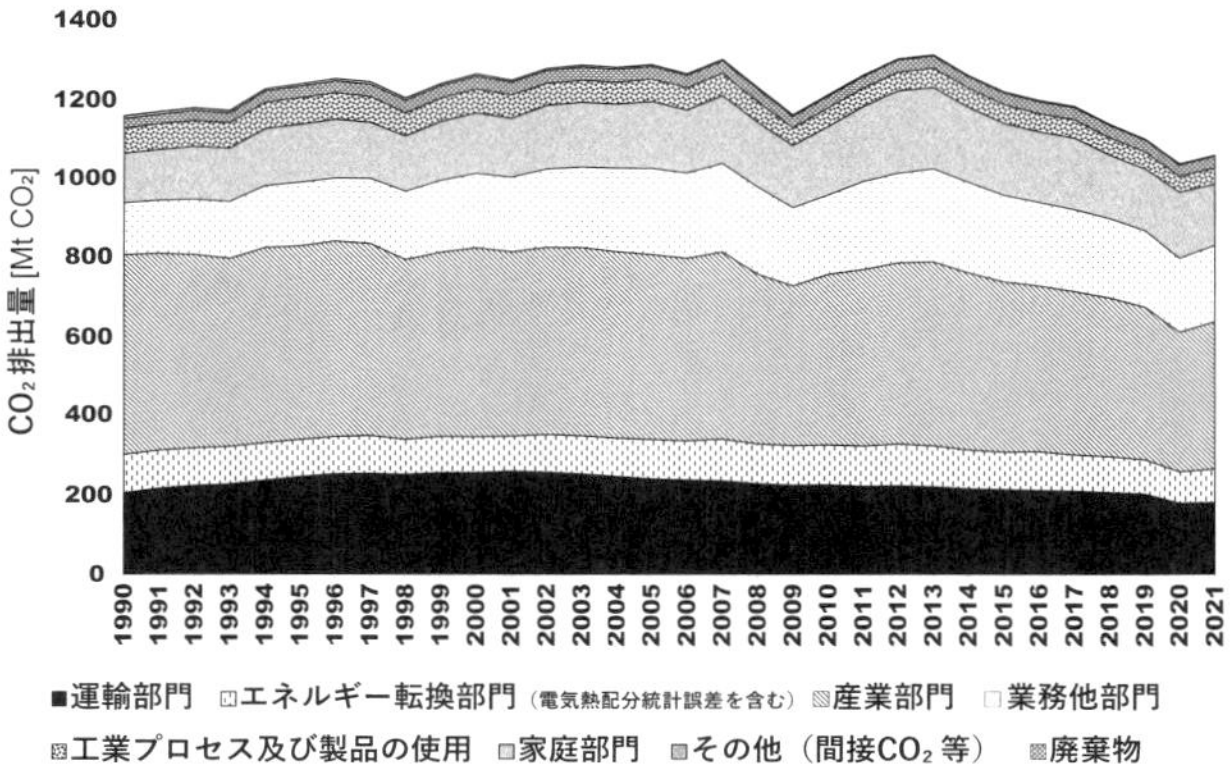

図５－４　日本における部門別の二酸化炭素排出量の推移
出典：国立環境研究所「日本の温室効果ガス排出量データ」より筆者作成

る。なお、エネルギー消費や温室効果ガスの排出に対しては「運輸部門」という表現がよくつかわれるが、これは交通によるものであると読み替えて差し支えない。

　貨物輸送によるエネルギー消費や二酸化炭素排出は主に企業活動の影響といってよいが、旅客輸送のエネルギー消費や二酸化炭素排出は一人一人の移動に関わるものが相当に含まれるはずだ。そこで、運輸部門の排出量のうち旅客部門、つまりヒトの移動に関連する部分について詳しく見てみよう。交通手段別に二酸化炭素排出割合をまとめたものが図５－５である。これを見ると、旅客部門の排出全体の八割は自家用車による排出で、特に家庭での自家用車の利用、つまり通勤や通学、買い物やレジャーといった日常の移動に関する移動が、旅客部門の排出全体の半分以上を占めていることが見て取れる。エネルギー起源のCO_2排出全体でみると、企業による利用も含めた自家用車からの排出は全体の約八・二%をも占める。

これは、社会全体の持続可能性の向上やカーボンニュートラルの実現にあたって、日本の交通の分野はいまだに多くの課題を抱えていることを示している。ここからは、交通とエネルギーの関係を紐解いていき、われわれの社会がどういった課題を抱え、どのような処方箋があるかを考えよう。

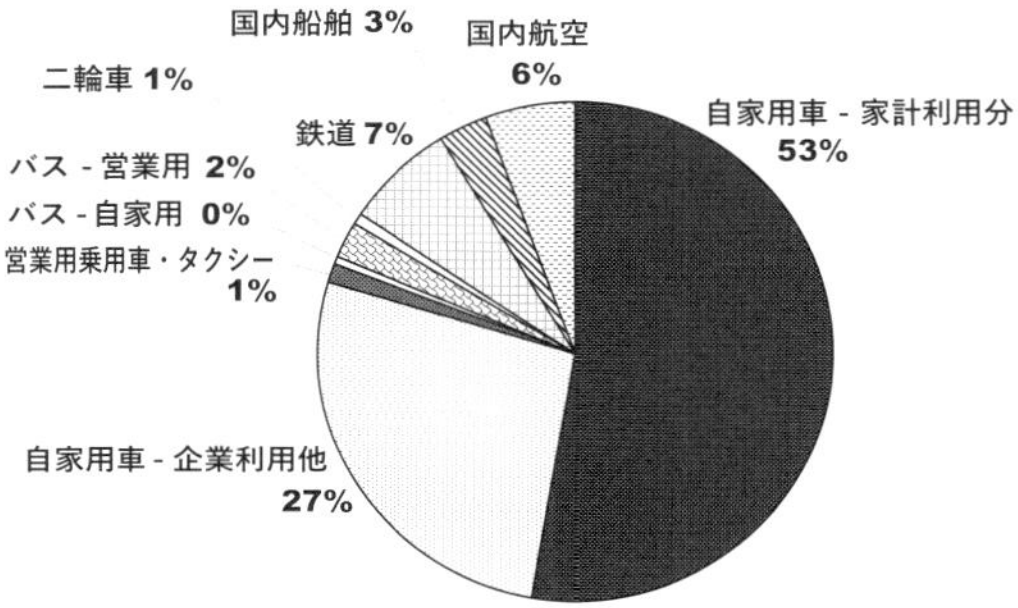

図5－5 2021年の旅客運輸部門のCO_2排出量の推計
出典：国立環境研究所「日本の温室効果ガス排出量データ」より筆者作成

4 交通手段とエネルギー

運輸・交通の分野は実に多くのエネルギーを消費しており、その結果として大量の温室効果ガスも排出している。しかし、「交通」と一口に言っても、移動に消費するエネルギーは交通手段ごとに大きく異なり、またエネルギーを生産したり消費したりする仕組みも異なっている。ここでは、それぞれの交通手段について、エネルギーの消費量や消費のメカニズムにも触れておこう。

†体の力だけでまかなう徒歩と自転車

まずは最も基本的な交通手段である「歩く」ということについて考えてみよう。歩くことは「ウォーキング」として運動やダイエットのために行う人が多いが、ここからもわかるように、歩くために必要なエネルギーは、人間の体を動かすことで消費されるエネルギーだけである。体が消費するエネルギーの量は、速度や体重、それに歩く時間によって異なるが、一〇分のウォーキングで消費するエネルギーは、体重六〇kgの人が時速四キロで歩く場合で約三〇キロカロリー（一二六キロジュール）程度とされている。持続可能性について考える際に非常に重要な徒歩交通の特徴の一つには、ガソリンや電力のような、外部からのエネルギーを投入する必要はないという点がある。言い換えれば、徒歩交通によるモビリティの実現は、人間の体力の形でのエネルギー消費のみで可能である。

自転車も徒歩と同様であり、自転車を漕ぐためのエネルギーは人間の体力による。その消費量はおおむね六〇キロカロリー（二五二キロジュール）程度とされている。ただし、電動アシスト付き自転車の場合は、電力の形で外部からのエネルギーを投入しているが、これはあくまで「アシスト」するためであり、人間の体力が交通の実現の基本にある。[1]
こうした交通手段は体を動かす、つまり人間自身が活動的であるという特徴があり、「アクティブ交通」と総称される。外部からガソリンや電力のようなエネルギーを投入することなく交通を実現することができ、結果として移動する行為自体からの二酸化炭素排出はゼロと考えてよい。先ほどの交通手段ごとの二酸化炭素の排出量を示す図5−5に、徒歩や自転車がないのも当然である。

†自動車の場合

自動車の場合、従来はガソリンや軽油といった石油、すなわち化石燃料がエネルギー源であり、内燃機関（エンジン）で動力に変換している。また電気自動車のように電力としてエネルギーを投入するものも急増しているが、これはモーターでエネルギーを動力に変換している。ハイブリッド車はエンジンとモーターを速度や充電状況などに応じて使い分ける。燃料電池車は水素燃料から発電した電力でモーターを回すが、その元となる水素燃料は化石燃料から製造するか、水を電気分解して製造する形でエネルギーを投入している。

昨今、ガソリンや軽油から、電力や水素燃料にエネルギー源を変えようという方向性があるが、同じ重量・速度であれば交通によって消費するエネルギーは基本的に変わらないことに注意する必要がある。電力をエネルギー源とする場合は、火力発電のように発電効率が高くても五〇〜六〇％程度のケースもあるから、化石燃料から電力へのエネルギー変換を経てかえって全体で消費するエネルギーが増えてしまう可能性も考慮しなければならない。タクシーや諸外国で展開が進むライドシェアは、エネルギー消費の観点から言えば基本的に自動車と同じである。

なお、二酸化炭素などの温室効果ガスの排出について考えると、ガソリンや軽油の場合はエンジンでの燃焼で直接排出する。電力や水素燃料の場合は、水力発電や風力発電のような再生可能エネルギーですべてまかなう場合はともかくも、火力発電などが入ると発電の段階で二酸化炭素の排出がある。

†鉄道の多くは電力で動く

鉄道の場合も外部からのエネルギー投入が必要である。鉄道には気動車、電車などがあるが、それぞれ軽油、電力の形で投入するエネルギーを動力に変換することで走行している。蒸気機関車は、今日、観光用など特殊な例を別にすれば使われないが、これはお湯を沸かして蒸気にし、それでピストンを駆動させるという複雑な仕組みで、石炭のエネルギーを動力に変換するもので、エネルギー効率はわずか四％程度と非常に悪い。こんにち、電化されていない鉄道では、軽油を燃料とするディーゼル機関を用いた気動車やディーゼル機関車が主に使われるが、内燃機関を使う点は自動車と基本的に同じである。

電車については、本来、電動の客車のことをさすが、これが「列車」と同じ意味で使われることからもわかるように、地下鉄や都市鉄道、新幹線のような、日本の主要な鉄道の多くは電気鉄道である。こういった電気鉄道への電力供給源は、火力発電のような化石燃料を使うものから、水力発電などの再生可能エネルギーまでさまざまなものがある。また、ハイブリッド鉄道車両やバッテリーを充電して走行する蓄電池車両も実用化されているほか、水素燃料をエネルギー源とする燃料電池を用いた鉄道車両の研究も進むが、このあたりは自動車と共通である。

バスは自動車と似ており、従来からのディーゼル車のほかに、ハイブリッド車や燃料電池を用いる車両も実用化されている。古くからの方式としてトロリーバスというものがあり、これは路面電車と同様に道路上に張り巡らされた架線から電力を供給して走るものである。欧州では都市交通として大規模に採用されている事例もある。

†交通手段ごとの消費エネルギー量の差

このように、徒歩と自転車を除く交通機関では、外部からエネルギーを投入することで走行する。ところが、交通手段によって消費するエネルギーは大きく異なる。

自動車の車体重量は軽自動車や小型自動車でも七〇〇kg〜一t程度、重いものだと二t程度はあるが、人間の平均的な体重の六〇〜六五kgと比べるとわかるように、投入するエネルギーのほとんどは車両を動かすために使われている。しかも、町の中を走る自動車に実際に乗っている人数は一般に平均すると一・二〜一・三人程度であるから、おおざっぱに計算すると人間一人当たりの移動のために一t程度の車両を動かしていることになる。

一方、一般的な鉄道車両は一五〜二〇t程度あり、一両の定員は一般的な通勤電車であれば一五〇人前後、地方部で走る車両でも一〇〇人程度である。仮に乗車率を五〇%としても五〇〜七五人程度が乗車している。かりに重量を二〇t、乗車人数を六〇人とすれば、一人当たりのために動かす車両の重さは〇・三三t程度である。

なお、物理学を学んだ人ならおなじみであろうが、物体を動かすために必要なエネルギーは質量（重さ）に比例し、速度の二乗に比例する。これは軽い車両のほうがエネルギー消費が少なくて済むことを意味する。

輸送機関	エネルギー消費原単位［kJ／人キロ］
鉄道	402.8
バス	711.3
乗用車	2583.0
自家用貨物車	1692.3

表5-2　交通機関別エネルギー消費原単位（2009年）
出典：国土交通省「交通関連統計資料集」より抜粋

さらに、速度を落とすことで消費するエネルギー量は指数関数的に大きく減らすことができる。

一人当たりの重量以外にも、さまざまな要因がある。例えば自動車の場合のゴムタイヤとアスファルトの組み合わせと比べると、鉄道の場合の鉄の車輪と鉄のレールの組み合わせでは、走行の抵抗は半分程度になる。

ここからもわかるように人一人を一km運ぶのに必要なエネルギーの量は、交通手段によって大きく異なる。表5-2は、やや古い資料であるが国土交通省が二〇〇九年時点の数値としてまとめた資料を基に、日本における交通手段ごとの一人を一km運ぶために必要なエネルギーをまとめたものである。徒歩や自転車はむろんゼロであるが、重要なのは鉄道やバスなどの乗り合いの公共交通機関と自動車の比率である。鉄道と自動車の間にはおよそ六・四倍ものの差が、バスと自動車の間にも三・六倍の差がある。これはあくまで全国平均であるが、各交通手段の中で自動車のエネルギー効率が際立って悪いことがわかる。

環境の面から持続可能性を高めるうえで最も基本となることの一つは、ヒト・モノの移動全体のエネルギー効率をなるべく高めること、すなわちなるべく少ないエネルギーの投入で、できるだけ多くの成果を上げることである。その成果として最も重要なのは、どのくらいヒトやモノが移動したかという交通の成果であるが、より根源的にはわれわれ一人一人の欲求を満たしてくれることである。そのためには自動車や鉄道車両のような乗り物一つ一つのエネルギー効率を高めることも重要であるが、徒歩や自転車といったエネルギー投入が不要な交通手段や、鉄道やバスといった一人の移動当たりのエネルギー効率が高い交通機関でなるべく多くのことができる社会をつくることのほうが、持続可能性を高めるうえではより重要である。

5 地域の社会・経済の持続可能性とモビリティ

†地域社会の関わりの基本は徒歩

ここまでは、交通手段とエネルギーの関係をみてきたが、私たちが住む社会の持続可能性は、エネルギーの利用をコントロールすれば良いわけではない。前章で述べたように、持続可能な社会とは、環境だけではなく、経済や社会の面でも持続可能なものでなければならない。

地域社会が持続していくためには、人々がさまざまな形で直接関わり合うことが必要である。家族・親戚や友達と会ったり、仕事に出かけたり、趣味の仲間と活動したり、そういった活動を通して人々の関わり合いが生まれる。また社会の中でお金が循環して、経済活動が活発であることも同時に必要である。そうすることで雇用が生まれて人々がなりわいを持ち、そこに住まうことができるようになる。第4章で経済の持続可能性に触れたが、経済活動が落ち込み働く場がなくなれば人々はそこに住まうことができず、社会が成り立たなくなり、そして人がいなくなれば地域が衰退してしまう。

交通との関連で考えたとき、人々がほかの人々と関わり合ったり、経済活動をしたりするのはどんな場面であろうか。家族・親戚や友達と会うというのはどういうことだろうか。また文字通り「げんきん」な話だが、人々が今いるその場に「お金を落としてくれる」のは、交通との関連ではいったいどんな場面であろうか。読者の皆さんの日常の場面を想像しながらこの先を読み進めていただきたい。

家族・親戚や友人に会うときに、自分も相手も自動車からまったく降りないという読者はいるだろうか。駐車場に車を停めて、窓を開けて会話をして、それでは、はいさようなら。そんな人付き合いしかしないという人は、実際はいないのではないだろうか。相手の家を訪ねたり、一緒に食事に出かけたり、趣味の活動をするときには、たとえその場に車で向かったとしても、最後は車から降りて歩いていないだろうか。

お店で何かを買ってお金を使う場面ではどうだろうか。ほとんどの場合、お店に入る段階では必ず歩いていないだろうか。郊外によくあるショッピングセンターでさえ、お店のレジまで自動車で乗り付けるなんてことはなく、やはり店内では歩いているはずだ。歩いているからこそ、気になったお店や商品が目に留まり、そこで足をとめて、お店を覗いてみたり商品を手に取ってみたりしているはずだ。あるいは、食堂やレストランで何かを食べるときも、お店に入って席に着くために必ず「歩いて」いるだろう。お店に行くためには、自転車に乗って出かけたり、電車で町に出たり、車を運転したり乗せてもらったりして町の中の駐車場に車を停めたりするだろうが、いずれにしても最後は必ず「歩いて」いるはずだ。

自動車に乗ったまま、お金を使ったことがある経験がある人もいるだろう。ファストフード店のように、ドライブスルーでものを買うことができるお店が実際に存在する。また近年ではスマホからオンラインで事前に注文してドライブスルーで受け取ることも可能である。しかしこのような車に乗って座ったままお金を使う場面というのは非常に限られているし、これで人間のさまざまな欲求が満たされるかというと、決してそんなことはない。

また、働く、つまりお金を稼ぐことを考えてみても、運輸業と運送業を別にすれば、どんな交通手段で通勤したとしても、お店の場合と同じように最後は必ず自分の職場に向かって歩いているだろう。こうして考えてみるとわかるように、私たちが人と関わり合ったり、町の中で実際にお金を使ったり稼いだりする場面では、ほぼすべての場合「歩く」という行為の上に成り立っていることがわかる。

†車優先のまちは歩きにくい

逆に言えば、人間は「歩く」という行為なしに、自らの欲求を満たす活動はほとんどできない。先にも述べたように「歩く」というのは人間の交通手段としては最も基本的なものであるが、実はこれこそがモビリティの基礎となる人間のさまざまな欲求を満たすにあたってカギになる交通手段なのである。したがって、その欲求から生まれるさまざまな人との関わりや経済活動も、歩くという行為抜きにはできない。「千里の道も一歩から」という慣用句があるが、文字通り、どんな交通手段を使って欲求を満たしに行こうとも、最初は必ず歩くという一歩からスタートする。

これは交通やモビリティを計画する際に、「歩く」こととの親和性に基づいた優先順位づけが重要であることを意味する。しかし、どんな移動も歩いて済ませて欲求を満たすほど、われわれの持つ欲求は単純ではない。ひとつの問題は、歩くことには限度があるという点である。日常の移動のために歩くことができるのは、せいぜい一五〜二〇分程度であろう。これは距離にするとおよそ一km程度に相当するが、この範囲を超えると歩きたいとはなかなか思わない。またテーマパークや商店街、ショッピングセンターのような、私たちがわざわざそこに行きたいと思う場所は、どれも安心して快適に歩くことができる場所である。逆に大量の車であふれかえった道路や、車が高速でひっきりなしに通過していく道路は、積極的に歩きたいとはなかなか思わない。このように、距離や歩行環境のせいで人間の行動心理として「歩きたくない」と思う場面はしばしばあるが、そういう場合にこそ自動車や公共交通機関、自転車といった徒歩以外の交通手段を使うのである。

もうひとつの問題は、徒歩以外の交通手段は、歩くこととの親和性がそれぞれ大きく異なるという点である。自転車は走っていてもすぐに止まって気軽に降りることができ、また一台一台の駐輪にも大きなスペースを取るわけではない。その意味で、徒歩との親和性は高い。鉄道やバスといった公共交通機関は、駅やバス停まで、また降りた後に、必ずといっていいほど徒歩を伴う。また自転車で駅に向かうこともあるが、自転車は上述のように徒歩との親和性が高い。問題は自動車で、さまざまな面で徒歩との相性がすこぶる悪いのである。

車そのものは、快適に座ったまま移動することができ、屋根があり空調も効いていて、実に快適な乗り物である。車道もきっちり整備されていて、道路の真ん中を走ることができる。それに対して徒歩は、屋根もなければ空調も効いておらず、立ったままの姿勢であり、車の快適性にはとうてい及ばない。歩道がないところもあるし、歩くのは道路の端のほうである。

また、走っている車を停めるのがなかなかむずかしい。ブレーキを踏んで「止まる」ことはできても、どこかに駐車して「停め」ないことには、降りて歩くことができないが、駐車場がない限り、車を停めて歩くことはできない。

しかも、駐車場に止まっている車と車の間は、左右方向の中心間隔を見ると最低でも二・五〜三m程度は離れ、前後方向では五mは最低でも離れる。このように駐車場は実に多くのスペースを必要とするが、そこかしこにたくさんの駐車場を設置してしまうと、歩く空間としての魅力には欠けたものになる。歩行環境として快適ではなく、なるべくなら避けたいものである。多くのスペースを使うということは、歩いて移動するための距離が長くなるが、先ほど述べたように、距離が長くなりすぎると、人間の行動心理として歩きたいと思わなくなる。交通量の多い道路も同じで、なるべくなら避けたいものである。

このように、自動車というのは極めて便利な乗り物であるが、その乗り物としての特長ゆえに、さらに自動車に合わせた町のつくりというインフラの面でも、地域の社会や経済の持続可能性の基礎となる徒歩との相性が悪いのである。

さらに、自動車は運転免許がないと運転できず、また認知機能がある程度ないと運転できない。したがって高校生くらいまでの子どもや免許を持たない人は自分では自動車を使うことができないし、認知機能が低下する高齢者にも自動車を使うことができないケースが出てくる。また当たり前だが自動車そのものがなければクルマを運転できないが、誰しもが気軽に買えるものでもない。旅先などで手元に車がないこともある。社会の全員が自動車を使うことができるわけではなく、その点でも持続可能な社会づくりとなかなか相いれない。

6 持続可能な社会に向けたモビリティの選択肢

これまでに見てきたように、人間のモビリティを支える交通手段として優位性が高いのは、環境、社会、経済という持続可能性の三つのどの面からも、徒歩、自転車のアクティブ交通と、鉄道やバスなどの公共交通機関である。ただし、自動車は非常に利便性の高い乗り物として人の移動には欠かせない。歩くことが困難な身体障がい者のモビリティを実現することも可能であるし、消防車や救急車のように自動車でこそ実現可能な社会サービスもある。さらに、物流の手段として、広く経済活動を支えている。

持続可能な社会を作っていく上で最も重要なのは、車という選択肢を残しつつも、車に頼らなければならない移動をできるだけ減らし、アクティブ交通と公共交通機関によるモビリティ、つまりこれらの交通手段で移動できる可能性を高め、なるべく多くの欲求を満たすことができるようにすることである。

東京や大阪のような巨大都市ではそうした状況がかなりの程度に実現できているが、札幌や仙台、広島や福岡のような大都市でさえ、中心部はともかくも少し郊外に出るとなかなかそういった状況にはなっていない。さらに、日本各地にたくさんある中小の都市となると、「車がないと暮らせない」という状況が現実にある。別の言い方をすれば欲求を満たすためには車しか選択肢がないのである。そうするとエネルギー消費量は増え、結果温室効果ガスの排出の抑制が困難となる。車が使えない人は、人と関わり合ったり、お金を使ったり稼いだりする機会が減ってしまう。こうした状況は「Mobility poverty（モビリティの貧困）」と呼ばれ、移動することがままならず、経済活動や社会活動への参加が困難となり、生きる上でのさまざまな欲求を満たすことができない状況を指す。このような社会は、決して持続可能な社会とは言えない。

持続可能な社会を実現するためには、アクティブ交通や公共交通サービスを長期的な視点で改良することで、モビリティの選択肢を増やすことでその水準をさらに高め、人々の経済活動や社会生活をより充実したものとしながら、同時に、エネルギー消費や温室効果ガスの排出を削減することを目指し、地球環境への負荷を軽減するための方法を模索する必要がある。さまざまな欲求が満たされ、人々が幸せに暮らすことが可能な都市や地域、さらには子どもも含めて長く住み続けたい地域、他所からも訪れたくなる地域を実現しつつ、環境負荷を軽減した社会を実現する取り組みが必要である。第2章と第3章でみたオーストリアのフォアアールベルク州のように、こうした取り組みを長年続けて持続可能な社会を実現しつつあるところもある。

ただし、さまざまな取り組みがバラバラに行われていては、目標にたどり着くことは難しい。各取り組みの相乗効果も発揮できなければ、場合によっては足の引っ張り合いにさえなりかねない。社会の中で合意形成を図りつつ、政策として統合していく必要がある。次の章では、モビリティと交通の分野で、こうした合意形成と政策の統合を図る方法として確立された「持続可能な都市モビリティ計画」（SUMP）について詳しく見ていく。

1　なお、電動キックボードやシニアカーも電力の形で外部からのエネルギーを投入しているが、これらは人間の体力ではなく外部からのエネルギーのみで交通を実現している。

第6章　モビリティ計画「ＳＵＭＰ」とは何か

地球環境への負荷を減らしつつ、活発で豊かな経済活動、社会生活を支えるモビリティの実現には、短期的な取り組みをバラバラに行うのではなく、長期的な視座に立った交通システムの変革が求められる。欧州では、以前より、各国でまちづくりと交通計画を一体化させる取り組みを進めてきたが、二〇一三年には、欧州委員会が「持続可能な都市モビリティ計画（Sustainable Urban Mobility Plan）」（以下、ＳＵＭＰ《サンプ》）というコンセプトを提示し、同時に計画づくりのためのガイドラインも公表した。現在の欧州全域におけるモビリティ計画の指針である。

ＳＵＭＰは、ＳＤＧｓと同様、モビリティの分野における未来の目標を定め、社会の中での合意形成を図るもので、その実現に向けてさまざまな施策を戦略的に組み合わせていく計画である。本章では、ＳＵＭＰとは何か、特徴的な部分を中心に紹介しよう。

1　SUMPの経緯と概要

†交通における持続可能性に向けた取り組みの歴史

欧州では、一九九〇年代以降、交通政策においても持続可能性がキイワードとなり、自動車に過度に依存した交通を変えていく動きが広まった。すでに一九七〇年代、ドイツの先進都市では総合交通計画が策定され、欧州諸国の中では、いち早く環境問題を意識した交通計画が作られてきた。フランスの場合、一九八二年の国内交通基本法（LOTI）の下、都市圏交通計画（PDU）を定めるしくみができあがり、一九九六年にLAURE法（大気とエネルギーの効率的な利用に関する法律）の制定によって、人口一〇万人以上の都市圏に計画策定が義務づけられた。イギリスは、一九八〇年代に進められたバス市場の自由化が九〇年代に修正される中、一九九八年には「ニューディール」を宣言した『交通白書』（A new deal for transport: better for everyone）[1]が公表され、地域交通計画（LTP）のしくみが導入された。

これらの計画は、混雑解消のための鉄道投資、渋滞解消のための道路建設といった需要追随型ではなく、一九九〇年代に提唱されたバックキャスティング・アプローチに則った計画である。端的に言えば、最初に目指すビジョンとその達成時期を決め、そこから逆算する形で、それぞれの時点で実施する施策を決定するという計画と言える。交通の分野でバックキャスティングの考え方の先陣を切ったのは、日本も加盟する経済開発協力機構（OECD）である。一九九四年から「環境面で持続可能な交通（EST－Environmentally Sustainable Transport）」のテーマに取り組むタスクフォースを設置し、四つのフェーズに分けて研究調査を行った。最初のフェーズの報告書は一九九六年に公表され、従来から議論されていた大気汚染や騒音などにとどまらず、交通による石油を中心とする化石燃料の大量使用と、それに伴う大量の温室効果ガスの排出、さらには道路や駐車場など交通用地としての土地の大量消費とそれに伴う悪影響、都市のスプロール化などを指摘した。そのうえで自動車交通に対して何も手を打たなければ将来も状況が悪化し、大気中の二酸化炭素濃度が許容範囲を超える結果になる状況が続くと警鐘を鳴らしている。

これを二番目以降のフェーズでもさらに発展させ、OECDは新たな政策アプローチが必要であることを明示したガイドラインを「OECDによる環境面で持続可能な交通に向けたガイドライン」として二〇〇二年に公表している。このガイドラインでは、持続可能な交通（EST）に向けては、既存の政策を延長するのではなく、バックキャスティング・アプローチが必要であることを明確に提示した。特に、今の政策を続けた場合と、将来必要な状況の間を「ポリシーギャップ」として強調し、それを埋めるために政策の方向性の舵を完全に切り替える必要性を強調している（図6－1）。このガイドライン作成には日本からも環境や交通の専門家が参加した。

また、この時期になると、交通政策と他の都市政策の間の整合性も議論が具体化し、欧州委員会の研究プロジェクトは、都市における持続可能な土地利用と交通戦略の間の政策統合について、二〇〇三年、政策決定者のためガイドブックを公表した。ちなみに、第3章で述べたオーストリア・フォアアールベルク州の「ビジョン・ラインタール」は、二〇〇四～〇六年にかけて策定された。

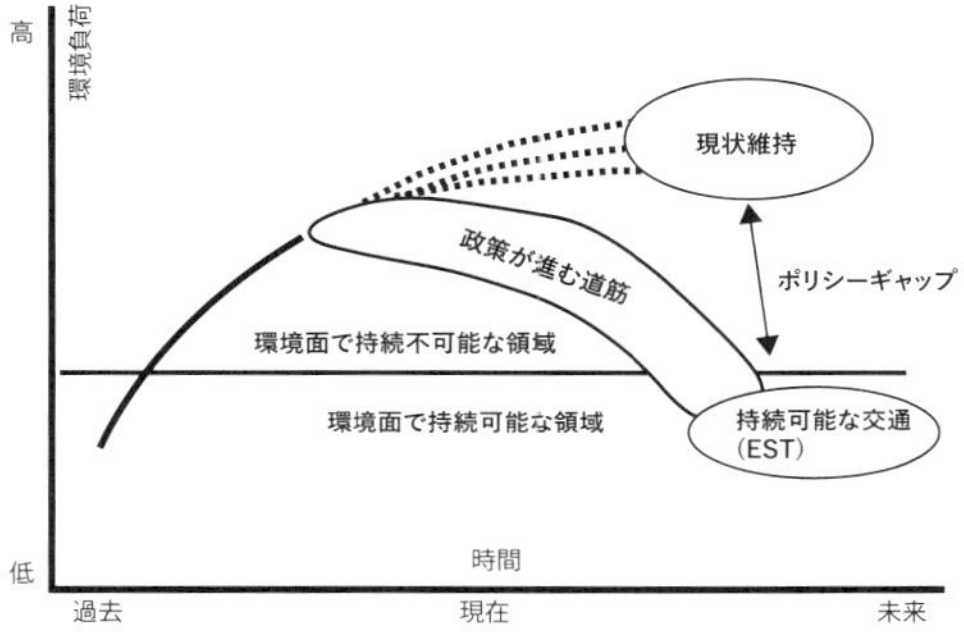

図6－1　OECDが示すポリシーギャップとそれを埋めるための政策の道筋
資料：OECD（2002）OECD Guidelines towards Environ mentally Sustainable Transport, Figure 2

さらに、欧州委員会は二〇〇九年に「都市モビリティに関するアクションプラン」を公表し、大きなテーマの一つ目に「統合的政策」を掲げた。そこでは、「持続可能な都市モビリティの目標達成に向けて、地方・地域・国の当局を奨励・支援するための二〇のアクション」を提案し、そのアクションとして最初に記述したものが、「持続可能な都市モビリティ計画の普及の加速」である。また、二〇一一年、EUは交通白書「競争力のある、資源効率の良い交通システムに向けた、統一欧州交通地域へのロードマップ」を公表し、二〇五〇年に向けて、都市内におけるガソリン自動車走行をゼロにするなどの目標を立て、その実現に向けた具体的な道筋を示した。

以上のような経緯の中、先進各都市における交通計画の実務も踏まえ、二〇一三年、欧州委員会は、「都市モビリティパッケージ」の付属書として、SUMPのコンセプトを定め、同時に、東欧諸国などこれからモビリティ計画を作成する都市圏を支援するために、ガイドラインも公表した。

なお、都市と交通を巡る環境は刻一刻変化しており、とりわけ二〇一〇年代後半にはMaaS（Mobility as a Service）が話題になるなど、技術革新が著しい。欧州委員会は、二〇一九年にガイドラインの改訂第二版を公表しており、以下では、二〇一九年の第二版に基づいて議論を進めていく。[2]

†SUMPの定義と目標

SUMPは、議論の経緯をみても、また、そのタイトルからもわかるとおり、持続可能性がキイワードであるが、定義は次のようなものである。

(SUMPとは)生活の質(QOL)を向上させるために、都市とその周辺に住む人々や経済社会活動におけるモビリティニーズを満たすように設計された戦略的な計画である。これは、既存の計画手法に基づき、統合、参加、評価の原則を十二分に考慮したものである。

目標は、「アクセシビリティの改善と質の高い、持続可能なモビリティ・交通を提供すること」であり、そのうえで、都市交通システムに以下の観点を求めている。[3]

a　アクセスが可能ですべての利用者のモビリティの基礎的なニーズに見合うこと
b　市民、ビジネス、産業からのモビリティ・交通サービスに対する多岐にわたる需要にバランスよく対応すること

c　異なる交通手段のバランスある発展とより良い統合を導くこと

d　経済的活力と社会公正、健康、環境の質に対するニーズを均衡させる持続可能性を満たすこと

e　効率性、費用対効果を最適化すること

f　都市空間と既存の交通施設・サービスを有効活用すること

g　都市環境の魅力、生活の質、人々の健康を向上させること

h　交通をより安全にすること

i　大気汚染、騒音、温室効果ガス排出量、エネルギー消費を削減すること

j　欧州横断の交通ネットワーク、欧州の交通システム全体の底上げに貢献すること

このうち、aの「モビリティの基礎的なニーズに見合うこと」という部分は、イギリスの地域交通計画でも求められており、ドイツの「生存配慮」[4]やフランスの「交通権」[5]といった概念とも通じる。積極的な意味を持つのは、b、cに書かれている「バランス」であろう。これは自動車に偏重してきた交通を改めるという意図がある。このほか、従来から指摘されていた上記hの交通安全やiの環境という交通市場における外部経済効果にとどまらず、dやgに書かれている社会公正、都市環境の魅力や生活の質、健康など、モビリ

ティが幅広く社会的影響を有し、そうした影響を考慮した交通計画が必要であることも明確にしている。

†SUMP策定プロセスの原則と特徴

SUMPは、文字通りには計画、つまり策定されてできあがった計画文書であるが、同時に計画プロセスも示す言葉となっている。[6] 計画そのものは、都市や地域によって異なるが、プロセスは相当程度共通化されている。

SUMPは、計画プロセスの原則として、以下の八点を明記している。

①「都市圏域」を対象とする持続可能なモビリティの計画
②組織の垣根を超えた協力
③市民やステークホルダーの参加の枠組み作り
④現況の診断と将来求められる成果の見極め
⑤長期ビジョンと明確な実施計画の策定
⑥すべての交通モードの統合的な発展の促進
⑦モニタリングと評価の事前の織り込み

⑧品質の保証

これらは、いずれも重要な原則であるが、日本における交通計画の実情と照らし合わせ、注目すべき点を五つ、説明しておこう。

一点目は、ＳＵＭＰの日本語が「都市モビリティ」という訳であるとはいえ、実際の計画の範囲は、行政区域としての都市ではなく、日常生活の都市圏だということである。言うまでもなく、日常の通勤通学は行政単位を超えて移動するため、適切な交通計画を考えるうえでは、やや大きめの圏域を考えなければならない。二点目は、次節で詳細に述べるが、ＳＵＭＰのプロセスでは、市民やステークホルダーの参画が重要であり、そのための枠組み作りが「原則」の一項目となっていることである。単に、出来上がった計画に対してパブリックコメントを取るということではなく、計画を作る段階から市民やステークホルダー参画の具体的な枠組み作りが求められている。三点目は、長期ビジョンをもった明確な実施計画、つまり、最終目標を立てて、バックキャストで施策の実施を計画するという点である。ともすると、交通計画は目先の問題への対症療法となりかねないが、そうした計画手法の転換を求めている。なお、モニタリングと評価を事前に織り込むということも含め、時間的な区切りを明確にした計画であることも重要である。四点目は、組織の垣

従来の交通計画の策定		持続可能な都市モビリティ計画の策定
交通流に焦点	→	人に焦点
主たる目的： 交通流の容量と速度	→	主たる目的： **アクセシビリティと生活の質**（社会的公平性、健康と環境の質、経済活力）
モードごと	→	**すべての交通モードの統合的な発展**と持続可能なモビリティへの移行
インフラに焦点	→	インフラ、市場、規制、情報、プロモーションの**組み合わせ**
セクター別の計画文書	→	**関連する政策分野と整合性のある**計画文書
短期・中期の実施計画	→	**長期ビジョンと戦略**の中に位置づけられた短期・中期の実施計画
単一の行政区域をカバー	→	通勤パターンに基づく**都市圏域**をカバー
交通工学の領域	→	**学際的**なプランニングチーム
専門家による計画	→	透明性のある参加型のアプローチを用いた、**ステークホルダーや市民を巻き込んだ**計画
限られた影響評価	→	**学習**と改善を促進するための体系的な影響**評価**

表6－1　従来の交通計画とSUMPの違い
出典：宇都宮・柴山監訳（2022）10頁

根を超えた協力とすべての交通モードの統合的な発展の促進である。欧州では、事業者や交通モードを超えた公共交通のサービスの統合を進めてきたが、ここでの統合には自家用車やカーシェア、アクティブ・モビリティと呼ばれる徒歩、自転車、さらには道路計画や駐車政策など自動車の政策も含めた、すべての交通モードとの統合も意識している。

こうした原則に基づき、従来の交通計画の策定との違いを整理した表6−1がガイドラインに掲載されており、SUMPの特徴をよく表している。まずもって、かつてのように、渋滞を解消するための交通流、すなわち車の流れに焦点を当てたものではなく、「人に焦点」を当てた計画である。この点に関連して、アクセシビリティと生活の質が主たる目的ではあるが、前者については「社会的公平性」を考慮していること、後者については、「経済活力」に加え「健康と環境の質」が示されており、これらは「人に焦点」を当てた計画としての特徴を具体化している。人のモビリティが持続可能な社会にとっていかに重要かは第5章で述べたとおりである。また、計画で策定される短期・中期の施策が、「長期ビジョンと戦略の中に位置づけられる」という点は、バックキャスティング・アプローチの計画の根幹である。

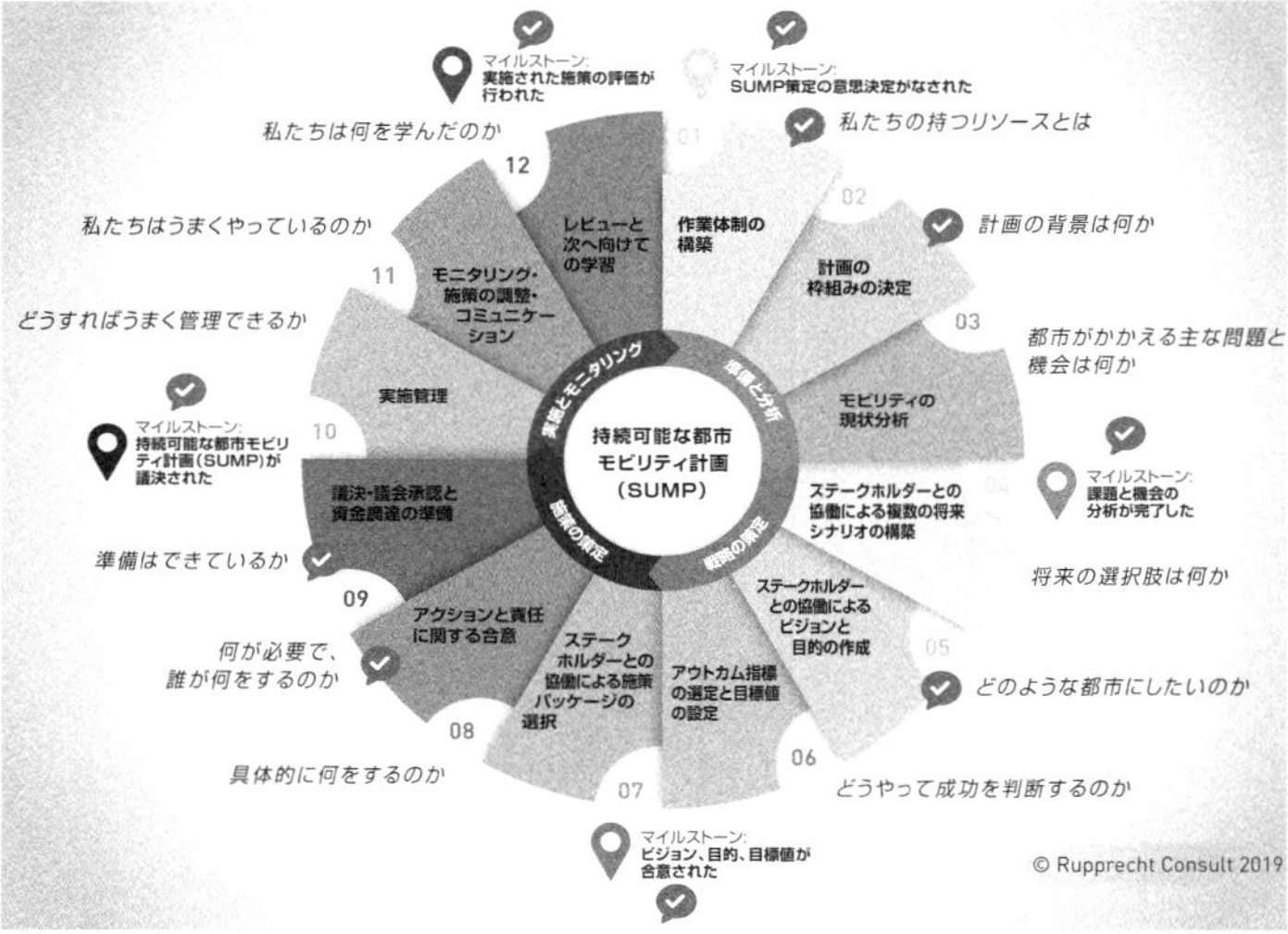

図6－2　SUMPのサイクル（4つのフェーズと12のステップ）
注：✓のマークは、SUMPプロセスにおいて政治が関与するポイントを示している。
出典：宇都宮・柴山監訳（2022）17頁

†SUMPサイクル

SUMPの計画プロセスは、先の八つの原則の一つに、モニタリングと評価が明記されていることからもわかるとおり、一つのサイクルとなっている。一サイクルは、四つのフェーズから成り立っており、各フェーズに三つずつ、合計一二のステップがある。図6－2がそのサイクルの全体像で、フェーズの意味は、それぞれのステップの課題とも言うべき、「問いかけ」をみればよい。

まず、フェーズ1、「準備と分析」とあり、ここでは、「私たちの持つリソースとは」、「計画の背景は何か」、「都市がかかえる主な問題と機会は何か」と問う。こうした準備と現状分析は当然日本でも行われるが、日本の交通計画では「機会（オポチュニティ）」という発想を取り入れている例をあまり聞かない。民間ビジネスのマーケティングで実施されるSWOT[7]分析を、モビリティ計画においても求めているといえる。

フェーズ2は、「戦略の策定」ということで、「将来の選択肢は何か」、「どのような都市にしたいのか」、「どうやって成功を判断するのか」とある。とりわけ、ここで「どのような都市にしたいのか」というビジョンについて合意を取り、次のフェーズ3で「施策の策定」を計画するというプロセスは、バックキャスティング・アプローチの肝《きも》である。この点の具体的な作業の段取りは、次節で述べる。

フェーズ3は、「施策の策定」であり、問いかけは「具体的に何をするのか」、「何が必要で、誰が何をするのか」、「準備はできているか」である。日本であれば、最初に来ることの多い財源に関する議論をSUMPでは、このフェーズ3のしかも「何をするか」を決めた後のアクティビティで検討する項目としている点は注目したい。バックキャスティング計画では、財源の確保は、決めたビジョンを実現する施策という位置づけである。お金があるから何かをするのではなく、ビジョン実現のために必要な資金調達をするのである。

そして、最後はフェーズ4「実施とモニタリング」である。モニタリング自体は、日本の読者にあえて強調することではないかもしれないが、「私たちは何を学んだのか」という問いかけを受けて、しっかり答えを持たなければならない。他都市の計画に、教訓を受け継ぐことなども重要なタスクである。

なお、ガイドラインでは、各フェーズのそれぞれのステップに具体的になすべきアクティビティが組まれ、そこに必要なタスクが示されている。以下では、各フェーズのステップ単位で、注目すべきアクティビティやタスクのチェックポイントを拾い上げてみていく。

2 SUMPフェーズ1——準備と分析

†市民参加と当事者意識を促進（ステップ1）

どのような計画も、最初に準備があり、現状分析が行われるが、SUMPで注目すべきは、最初のステップ1である「作業体制の構築」において、「ステークホルダー・市民参加の計画」という一項目を掲げて、詳細なタスクを示している点である。「計画プロセスを開始する前に、主な市民参加のアクティビティについての計画を終えておく」とそのタイミングを述べている。日本において、「交通まちづくり」という言葉を定着させた太田《おおた》勝敏《かつとし》がかつて交通まちづくりを「市民参加型の新しい計画アプローチ」（太田、二〇〇八）と述べたが、ＳＵＭＰでは、各局面でその点が強調されている。

とはいえ、市民参加が容易でないことは、欧州とて同じである。ガイドラインでは、「あまりに多くの活動に市民に参加してもらうとかえって『参加疲れ』を起こしてしまう」として、市民参加が重要となるアクティビティをいくつかに絞って提示している。

また、市民参加とあわせて、「政治家や各機関の当事者意識の確保」もステップ1のアクティビティの一つである。ガイドラインにも書かれているとおり、従来、交通計画は専門家によるものという意識が強かった。しかし、政治家も含めて当事者意識をもってもらわなければならない。そうした作業も、十分困難が予想されるが、ガイドラインは、「与党だけでなく野党からも支持を得ることは、継続性の確保へとつながる。……タスクの指針として、簡単なステークホルダー間の調整戦略を作成しよう」、「早い段階で鍵となる政治家や実務家と対面で会い、彼らの見解や関与の仕方について話し合おう」、「意識を高めるためのセミナーを企画したり、先行するモデル都市への視察を実施して、政治家や関係部局の職員が、持続可能な都市モビリティ計画策定の考え方を十分に理解できるようにしよう」などと、きわめて具体的な手順を提示している。

†都市圏域を確定し、他の計画と関連付ける（ステップ2）

フェーズ1のステップ2は「計画の枠組みの決定」である。ここでは、前節でも触れた「都市圏域」の定義を述べておこう。ともするとこうした計画は行政区域単位となるが、先に述べたとおり、日常の移動は行政単位を超えるケースがほとんどである。それでは、どの範囲を考えればよいか。

SUMPでは、EU加盟国における都市圏域の定義を紹介しており、一つの参考となる。具体的には、都市圏域は人口密度の高い中心となる都市と、その後背地（通勤圏）とによって構成され、それぞれ、人口の五〇％以上が、一km²当たり一五〇〇人以上の人口密度を持つ人口集積地に住んでいれば、その自治体は都市核となり、一方、後背地は、就労している住民の一五％以上が都市核に通勤している自治体として定義される。この考え方はOECDがEUと共同でまとめたもので、日本でもそのまま通用する。SUMPのガイドラインは、行政単位では括ることのできない事例として、都市圏域が三カ国にまたがるスイスのバーゼルを紹介している。

また、アクティビティとしては、「他の計画との関連付け」（アクティビティ2・2）も重要であるが、ここで注目すべきは、具体的に挙げている関連する計画が、広範であること、そして、単に既存の計画との関連性を確認するだけではなく、計画の統合も含めてチェックすることである。ガイドラインでは、「他の分野の政策や組織との調整」として挙げられている分野は、「例えば、土地利用計画、環境保護、社会的包摂、ジェンダー平等、経済開発、安全・治安、健康、教育、情報技術、エネルギー、住宅など」とある。またタスクのチェックリストには、次の点を列挙している。

✓関連する政策のつながり（相乗効果と競合）を確認したか。
✓現段階での政策統合の選択肢を評価したか。
✓統合の可能性について、関係するアクターとの対話の枠組みを立ち上げたか。
✓どの分野と統合するか、仮の優先順位を決めたか。

最初の段階でかなり踏み込んでおく必要があることを気づかされる。

†現状分析はデータ収集から（ステップ3）

最初の現状把握の際に、ネックとなるのがデータである。ＳＵＭＰでは、「各種情報源の同定」において、利用可能なデータを洗い出すことを述べているが、チェックリストをみると、「利用可能なデータを特定し、品質をチェックしたか」ということに加え、「不足しているデータを特定し、追加のデータソースを特定したか」、「外部の関連データの所有者とのデータ共有に合意したか」、「必要な場合、追加のデータ収集を行ったか」という記述がある。このような作業を行うことで、初めて現状分析が可能となる。

なお、そうしたデータを用いた分析について、アクティビティ3・2は、「課題と機会の分析」というタイトルでタスクを書いている。現状の問題を抽出するだけではなく、前節でも述べたが、機会を把握することに着目したい。これは、企業が経営戦略を策定する時と同様、単に脅威への対処だけではなく、機会という観点から、前向きな計画を立てることを意味する。チェックリストには、「SUMPで優先的に取り組むべき主要な機会と問題を特定したか」という点を挙げており、フェーズ1の「準備と分析」は、「課題と機会の分析が完了した」というマイルストーンで終える。

3　SUMPフェーズ2――戦略の策定

†複数シナリオの検討からビジョンと目的を作成（ステップ4〜5）

SUMPのフェーズ2「戦略の策定」は、バックキャストの起点となるビジョンと目的を固める重要なフェーズである。このフェーズでの「市民やステークホルダーとの将来シナリオの検討」、「市民やステークホルダーとの将来ビジョンの共創」という二つのアクティビティはSUMPの特徴である市民参加が全面的に求められるところである。

SUMPでは、シナリオとビジョン、そして目的という用語を分けて使用している。このうち、フェーズ2に入って最初のステップ4では、まずシナリオの検討がある。ここでのシナリオは、「都市のモビリティに関連する将来の展開の特定の組み合わせ」ということで、現状維持シナリオから代替シナリオまで、複数のシナリオをイメージする。人間は現状維持バイアスから、新たな取り組みに対するリスクのほうを重く感じがちである。その意味でも、現状維持という一見安定したシナリオが持つリスクをしっかりと理解するために、複数のシナリオを比較検討する意味は大きい。さらにそれぞれのシナリオは、状況の変化によっても変わり得るため、その影響度合い、専門的には「感度」も評価しなければならない。

ステップ4は、そうしたシナリオの検討であるが、「さまざまな可能性を提示し、それらについて共に考えることで、未来の選択肢について共通の理解を得ることができ」、そのことで、「後に選択することになる目的や手段に対する幅広い当事者意識と受容性を生み出す」ことがねらいである。一方、ステップ5は「ビジョンと目的の作成」で、SUMPのビジョンとは、「目指す都市の未来像を定性的に表現したもので、SUMPのプロセスを通じて、目的、戦略的指標、目標値の策定や適切な施策の選択の指針となるもの」とある。言うまでもなく、シナリオとビジョンには関連性があり、ガイドラインでも、「その策定の順序は状況によって異なり、並行して進めることも可能」と書いている。

ビジョンは、やや抽象的でもあるが、ガイドラインでは、ベルギーのルーヴェンの温室効果ガスの排出量削減を盛り込んだ「気候ビジョン」、スウェーデンのヨーテボリの交通事故をなくそうという「道路安全のための『ビジョン・ゼロ』アプローチ」などの具体例を紹介している。また、都市のビジョンとして、欧州では、持続可能なモビリティの都市を超えて、さらに居場所（プレイス）としての都市空間を重視するビジョンへの移行が進んでいることも取り上げている。日本でも注目されるようになった「サードプレイス」[8]の創出といったビジョンと考えられる。

また、SUMPでは、目的という用語も別に定めているが、こちらは、ビジョンとして示された未来像に合わせ、都市において「どのような形態の変化が求められているのかを示す具体的な」形を明確化したものと定義している。ガイドラインは、フランスのSUMPで記載が義務づけられている目的を例示している。フランスの場合、横断的なテーマの目的としては、「持続的な発展」、「安全」、「社会や都市のまとまり」、個別テーマの目的としては「自動車利用の削減」、「公共交通とアクティブモード」、「皆が使える道路ネットワーク」、「駐車場管理」といった具合である。

†SMARTな目標値を設定——まずは交通手段分担率（ステップ6）

定性的なビジョン、目的に対し、測定可能な指標を定め、そこに目標値を設定するということも、それ自体目新しいことではない。ただし、SUMPのガイドラインでは、少数の中核指標を策定すべきとして、以下の点を挙げている点が注目される。まず、「持続可能性の目的の達成度を直接計測するインパクト指標（アウトカム指標とも呼ばれる）に焦点を当てよう。交通に関する指標だけでなく、経済、環境、健康、社会などの関連分野の指標も考慮しよう」とある。SUMPでは幅広い視点が求められている。

さらに、ガイドラインは、個別の目標値を設定するにあたり、目標値が「SMART」であることを求めている。SMARTとは、五つの要素について英語の頭文字を取ったもので、具体的には、明確な（Specific）、計測可能な（Measurable）、達成可能な（Achievable）、関連性の高い（Relevant）、期限を定めた（Time-bound）ものでなければならない。とりわけ、最後の「期限を定めた」というのはバックキャスティングの計画においては重要で、単に目標値を設定するだけでは足りないという点は、SUMPが強調するところである。その意味で、ガイドラインの「野心的であれ、しかし、現実的であれ」という文言も含め、ぼんやりとした希望的観測を戒めている。

具体的な目標値は、当然さまざまであるが、SUMPが重要視しているものが、人々が普段どのような交通手段を使って移動しているかをデータ化した交通手段分担率である。ガイドラインでは、囲み記事の形で交通手段分担率の説明を行い、その重要性を強調している。途中を省略しながら、引用すると次のとおりである。

「交通手段分担率を見ればどんな都市かがわかる」というと大げさに聞こえるかもしれないが、ある意味では的を射ている。……都市全体の交通手段分担率の目標値を持つことは、持続可能な交通手段へのシフトにとって非常に価値のあることである。……ロンドンは、二〇四一年までに住民の全トリップにおける持続可能な交通手段（徒歩、自転車、公共交通）の交通手段分担率を八〇％に引き上げるという野心的な目標値を設定している。……交通手段分担率は、他の指標の上位に位置づけられる目標値としてSUMPに組み込むことが推奨されるといって差し支えない。

また、ガイドラインで紹介されるグッドプラクティスでも、「二〇三〇年までに、自転車と公共交通機関の交通手段分担率を二倍にし、ルーヴェンでの自動車の使用を二〇％削減するという目標」を設定したベルギーのルーヴェン、「自転車、徒歩、公共交通機関の交通手段分担率を全トリップの六〇％に引き上げること（二〇一一年は四四％）」を設定したスウェーデンのエレブルーを紹介している。筆者の知る限り、ほとんどのＳＵＭＰにおいて、将来の交通手段分担率が目標値に設定されている。

ＳＵＭＰでは、指標の具体的な候補として、ＳＵＭＩ（スーミ、Sustainable Urban Mobility Indicator Set）というツールキットで、計算ができるスプレッドシートまで提供しているが、ガイドラインでは、代表的な例として、目的に応じた四指標を紹介している。具体的には、道路安全→交通事故死者数、モビリティサービスへのアクセス→公共交通機関に適切なアクセスが可能な人口の割合、温室効果ガスの排出→温室効果ガス排出量、空気の質→大気汚染物質の排出量といった具合である。

交通手段分担率は、日本でもデータがないわけではないが、パーソントリップ調査の頻度は低い。アクセシビリティになると、日本ではそもそも基礎的なデータが整理できていない。欧州先進都市でも、完全にデータがあるわけではないが、ガイドラインでは、ベルギーの北半分を占めるフランドル地方を網羅したアクセシビリティ指標「モビスコア（mo-

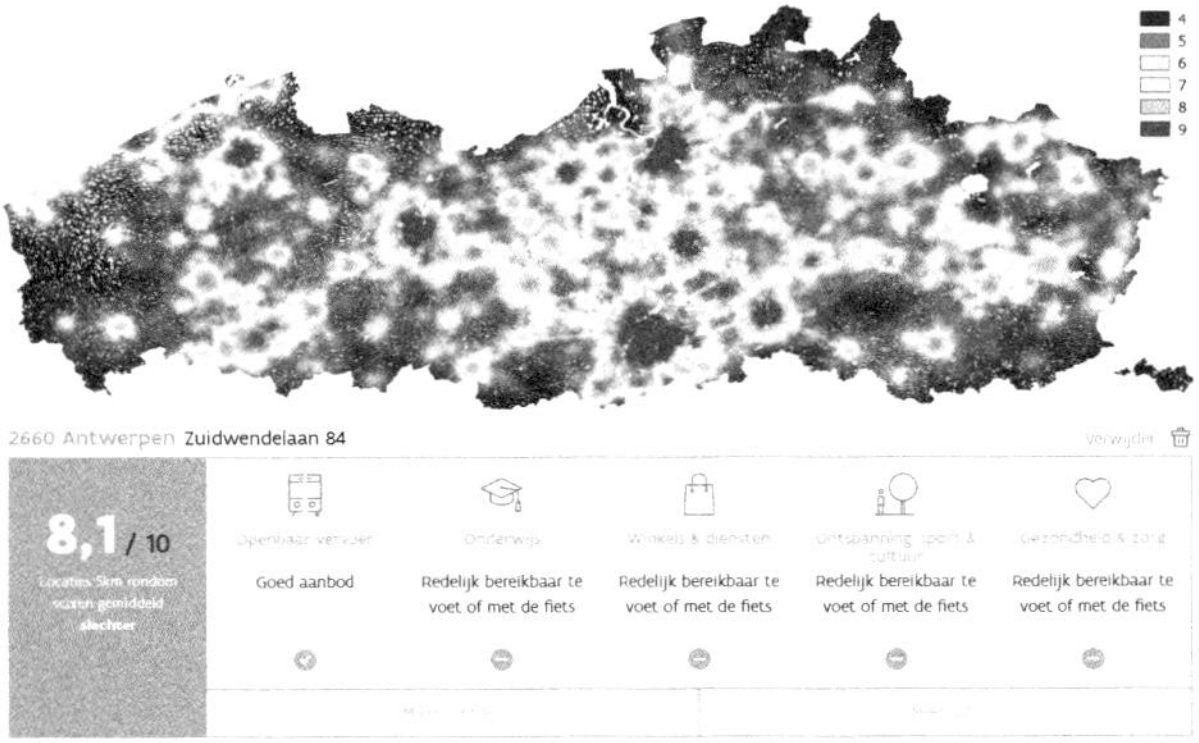

図６－３　フランダース地方全土のモビスコア（上）と、アントワープ郊外のとある地点のモビスコア（下）。アントワープ郊外の例では、公共交通へのアクセスは良好（✓）だが、教育、買い物、公園や文化施設、医療機関へのアクセスは平均的（ー）である。
出典：Gitte Van Den Bergh, Sofie Aelterman, Vincent Mouton, Dirk Engels (2018), EINDRAPPORT Verkenning en ontwikkeling Mobiscore（上）および https://mobiscore.omgeving.vlaanderen.be/（下）

biscore)」を紹介している。これは、駅やバス停、学校などのさまざまな施設に、徒歩や自転車などの持続可能な交通手段でどの程度アクセスできるかを示す指標で、建物一つ一つに付与される。フランドル地方全体が当該スコアでもって六段階評価されている（図6-3）。また、スウェーデンのマルメも六段階のアクセシビリティ指数を開発したという事例を紹介している。各地域のアクセシビリティの現状が、データでランク付けとあわせ視覚化されると、計画における目標値として使えるものになる。

4 SUMPフェーズ3――施策の策定

†施策をパッケージで選択（ステップ7）

フェーズ3は具体的な施策の策定である。ビジョン、目的のためにどのような施策を行うかは、それぞれの都市や地域にとって当然異なる。ガイドラインは、施策そのものの説明というよりも、施策の洗い出しから、その決定と文書化までの手順を一つ一つ具体的に述べている。そこには、SUMPならではポイントがある。

まず、交通という狭い範囲ではなく、かなり幅広い施策を含み、また、それらをパッケージとして選択するという点である。SUMPの施策の説明には、「土地利用、インフラ、規制、マネジメント、サービスの施策から、行動変容、情報提供、プライシングに関する施策までさまざまな実例がある」とあり、「施策パッケージとは、相互に補完し合う施策の組み合わせ」と述べている。

また、こうした施策は、ステークホルダー、市民と協力して作成するという点も重要である。ステップ7の「統合された施策パッケージの定義」（アクティビティ7・2）のチェックリストは以下のとおりである。

✓相乗効果を実現し、また実施の際の障壁を取り除くことが期待できる施策パッケージの案を明確にしたか。
✓土地利用計画や他のセクターの計画との統合を考慮して、施策パッケージをチェックしたか。
✓最も費用対効果の高い組み合わせを特定するために、絞り込んだ施策一覧を、すべての目的に照らしてテストし、評価を行ったか。
✓選択したパッケージは、ステークホルダーや一般市民と議論し、有効性を検証したものか。

具体的な施策の決定は、相当難しいタスクであるが、これを避けては通れない。欧州の諸都市も苦労して作業を遂行している。ただし、費用対効果の検証については、ガイドラインは現実的な対応も書いている。つまり、大規模なプロジェクトにおいては費用便益分析（CBA）[9]が広く使用されているとしつつも、「貨幣換算されない評価基準をカバーするために、CBAは、多基準分析（MCA）[10]で補完されることが多い」としている。これは、

「MCAは……定量的評価と定性的評価を組み合わせることができる」からである。また、施策の効果について、モデルを使う手法の限界も述べており、「小都市の場合や施策が小規模な場合、本格的な費用便益分析や、政策シミュレーション・交通シミュレーションモデルは、コストがかかりすぎるケースが多い。このような場合には、最も重要な施策に焦点を当て、試算したり、『現実世界のモデリング』としての社会実験という形で代替することができる」という現実的な検証を提案している。コンサルタントに費用便益比率の数値を算出してもらい、それをもって施策を判断することは実務作業としては容易だが、SUMPではそうしたプロセスは取らない。

一方、相乗効果を発揮するような統合された施策パッケージは、重要な点である。費用対効果を最大限発揮させるためには、政策の間の整合性がなければならない。ガイドラインでは、ポーランドのクラクフ市の事例で、「駐車場施策（例えば、路上駐車スペースの撤去）に加え、交通量の制限施策（例えば、交通規制区域）や公共交通施策（例えば、各種公共交通サービスの統合）を組み合わせて実施することで、車の数の削減と大気の質や交通流の改善を一度に行っている」という内容を紹介している。また、フィンランドのタンペレにおいて、最初のトラム路線の工事に伴う交通規制が行われる期間に、人々の移動習慣を変えようと、「新しいパーク&ライド施設など、特に自動車利用者を対象としたいくつかのモビリティマネジメント活動を導入して、公共交通機関利用と自転車移動を促進し、道路空間における自転車や徒歩交通のための空間を拡大した」という事例も紹介している。

なお、ステップ7では施策パッケージの決定に加えて、施策のモニタリング・評価に関する計画までを策定することを求めている。

†財源を特定し、優先順位、実施主体、スケジュールを合意（ステップ8）

SUMPの大きな特徴は、前節でも述べたとおり、財源の検討が施策パッケージを決定した後に来る点である。むろん、フェーズ1のステップ1で、「施策実施のために用いることができそうな財源の大枠を把握したか」というチェックはある。しかし、最初の段階は、「用いることができそうな」資金の「大枠」の「把握」であって、具体的な金額がSUMPの制約条件になるわけではない。目的達成のための施策実施に必要となる財源の特定自体も、SUMPでは施策の一つなのである。

財源を考慮する際、運賃収入等による費用の回収度合いの見込みを明らかにすることは当然としても、ガイドラインは、それ以外に、「アクションによって生みだされる追加的な金銭的価値（例えば、新しい公共交通機関の駅周辺の土地や不動産の価値の増加）と、その価値の増加分を資金に取り込むための潜在的なメカニズムを評価」し、資金調達手段と資金調達源について、「最も適したものを特定」することと述べ、以下のような手段を列挙している。

地方税：公共交通機関のための目的税で、立地する公的機関や民間企業、ディベロッパーが支払う。

料金収入：運賃収入、駐車料金、都心特別料金（シティセンター・プライシング）、混雑料金、広告料金。

民間セクターの参加（例えば、官民パートナーシップ協定）。

スポンサーを巻き込んだ資金調達活動（ただし、マーケティング戦略との整合性を考慮）。

市町村の予算：異なる自治体や異なる政策領域からの予算。

国・地方（都道府県）からの補助金およびEUの資金。

外部からの融資、地方債、グリーンボンド。

事例としては、バーミンガム市が、交通インフラ開発による地価上昇分を補足する地域インフラ課税を導入しているケースが紹介されている。

ちなみに、公共交通の財源の最もベースとなるものは、運賃収入であり、日本ではその価格設定について、プライシングとして議論の焦点となる。これに対し、SUMPにおける「プライシング」は、駐車料金、道路通行料なども含まれる。むろん、車両登録に基づく混雑料金システムなどは、ガイドラインでも「受容性」に懸念があるとしており、実際、欧州でも導入都市は限られている。しかし、ガイドラインでは、「収入が公共交通機関のサービスレベルを向上させ、自家用車に代わる交通手段を支援するために使用されることを説明すると、プライシング施策が受け入れられやすくなる」と述べている。

最後に、財源が特定された後、優先順位、実施主体、スケジュールの合意と進む。そして、本ステップの最後のアクティビティとして、ここでも「政治家や市民の幅広い理解の促進」がある。

†文書の完成を地域のコミュニティとともに祝う（ステップ9）

フェーズ3の最後のステップ9で、資金調達計画と費用負担について合意を得て、議決がなされ、SUMPの文書が完成する。完成版を承認するプロセスは、ガイドラインも、国や制度によって異なると述べているが、計画策定文書の完成が「最も重要なマイルストーン」であることは確かである。興味深いのは、ガイドラインの次の記述である。「SUMPの完成版は地域のコミュニティと共に祝うにふさわしいものだ。ステークホルダー、一般市民、（地元の）メディアを招いてイベントを開催し、最終文書を公に発表するとよい」。ともすると専門家や一部の人たちだけの関心事になりかねないからこそ、ガイドラインは、こうした広報活動やイベントの重要性を指摘している。

5　SUMPフェーズ4――実施とモニタリング

†モニタリングによる実施管理で新たな課題を抽出（ステップ10〜12）

フェーズ4は、計画された施策の実施とモニタリングである。SUMPはサイクルとなっており、ここでチェックがなされ、新たな課題を抽出し、次のサイクルに向けた準備とつながる。どのような計画でも行われるプロセスであり、ここでは、ステップ10から12の中から、日本の現状と照らし合わせて、ガイドラインが示している重要な点を挙げておこう。

まず、一つ目は、ここでも「市民やステークホルダーと情報共有、参画の促進」（アクティビティ11・2）が念を押されていることである。ねらいは、「市民の施策に対する当事者意識を高めること」、そして、「市民が、自分たちの街に起こる変化の意味を確実に理解するために、メリットを説明し、日々の移動の習慣を変えることが可能な場合や必要な場合には、そのための選択肢を提供すること」である。施策を実施した結果、モビリティの選択肢が増え、それによって変化した実際の生活が、SUMPの目的とどう結びついているのか、市民に理解してもらうことをねらっている。

二つ目は、最後のステップとなるステップ12「レビューと次へ向けての学習」に出てくる「結果と教訓の共有」（アクティビティ12・2）である。日本も含め、交通計画、都市計画など、行政が計画を策定し、実施するということはこれまでにも行われてきた。ただ、そのときの教訓を次の計画にどのように生かすのかという問題がある。少なくとも、SUMPのガイドラインがあえて指摘していることからもわかるとおり、ともすると、広く課題を共有できぬまま、同じような計画策定が繰り返される可能性がある。ガイドラインでは、タスクとして、以下の点を述べている。

・「学んだ教訓」を振り返り、文書化しよう。
・他の都市が経験から学べるように、成功と失敗の分析結果を共有しよう。
・自らの国や地域で、既につながりのある他の都市に呼びかけ、情報の共有や交換を行おう。他の一～二都市の関係者を招待して、半日程度の簡単なワークショップを開催し、教訓を互いに共有、交換、考察しよう。

担当者の変更や首長の交替など、ともすると情報は断絶しやすい。最初のSUMPの実施過程で得られた教訓を忘れることなく、広く共有することで、次のより良いSUMPの策定につながる。

三つ目は、同じ最後のステップ12に述べられている「新たな課題と解決策の検討」(アクティビティ12・3)である。ガイドラインが初版から六年で第二版になったように、世の中の変化は激しい。ガイドラインにも「技術やデータ利用の新たな発展」の例として、MaaSの登場や自動運転に触れられている。しかし、ガイドラインの最後に書かれている重要な指摘は以下の部分である。

……SUMPにおいて、コネクテッド・自動運転を考慮する必要性があるのは明らかである。しかしその目的は、CAVs(訳注　コネクテッド・自動運転車)に係る技術がもたらす劇的な変化を無批判に受け入れることではない。むしろ、各地方自治体が将来の技術変化を鵜呑みにせず、自らがこの新技術を活かして未来を形作ることを可能にするのが目的である。この点を誤解してはいけない。肝要な点は、市民が支持する明確なビジョンのもと、地方自治体が自ら積極的に役割を果たし、新技術に振り回されるのではなく、必要に応じて新技術を上手に利用できるようにすることである。

新たな課題を考える際、新技術、とりわけIT系の技術には飛びつきやすい。しかし、目的は、新技術を活用することではない。手段と目的が入れ替わって本末転倒になりかねない現状に対し、最後に、SUMPのガイドラインは警告を発している。

6　SUMPを巡る新たな動き

†世界に広がるSUMP

SUMPのガイドライン（初版）が公表されて一〇年、今や単なる理念ではなく実践として、各都市のSUMP策定が進んでいる。しかも、その範囲はEUにとどまらず、トルコやウクライナ、そしてアメリカ大陸、マレーシア、中国など、世界一〇〇〇都市（二〇二二年末現在、SUMPガイドライン公表以前に計画された都市も含む）に広がっている。各都市の事例もデータベース化されている。

先進都市では、着実に成果も出ている。SUMPという概念が公表される前から、持続可能な交通まちづくりを進めてきたオーストリアのウィーンでは、交通手段分担率を一九九三年から二〇一三年にかけての二〇年間で、自動車の割合を四〇%から二八%に大きく減少させた。また、第2章でみたとおり、ウィーンのような大都市以外でもライフスタイルは持続可能な方向に変わってきた。

†SUMPの法制化

SUMPの扱いは、フランスやイタリアのように、都市の規模を基準に計画策定を義務化している国もあるが、多くの国では未だ義務化されていない。あくまで、各都市が自発的に策定するものという位置づけであった。

しかし、欧州連合の行政機関である欧州委員会は、欧州全体の交通ネットワーク整備計画であるTEN—T（汎欧州交通ネットワーク）の枠組みの中で、その結節点となり、かつ人口が一〇万人以上ある四三一の都市にSUMPの策定を義務化することを提案し、二〇二四年に規則の改正が欧州議会及び欧州理事会によって承認された。これによって、現在SUMPを策定していない都市は、二〇二七年までに策定することが義務づけられる。また、EU勧告[11]は、加盟国に国内の都市でSUMPを導入するためのそれぞれの国のガイダンスの作成や技術支援、専門家によるサポートの提供など、SUMP導入に向けた準備を要請した。SUMPのガイドラインの改訂もすでに話題に上っており、SUMPはより強力な交通まちづくりのツールとして進化している。

1　一九九八年の交通白書については、「はじめに」参照。

2　第二版は日本語に翻訳されており、引用は図表も含め、宇都宮・柴山監訳（二〇二二）『持続可能な都市モビリティ計画の策定と実施のためのガイドライン第二版』に依る。

3　本文で示したSUMPの目標等は、二〇一三年に欧州委員会が提示したコンセプトの文章に基づいたものである。二〇二三年にリバイスがあり、「質の高い、持続可能なモビリティ・交通」が「質の高い、安全で、持続可能な低排出のモビリティ」に書き変えられるなど、全体により詳しい説明が入っているが、ポイントに大きな変化はない。

4　ドイツやオーストリアでは、公共部門が提供する福祉サービスなどを「生存配慮（Daseinsvorsorge）」という概念で捉えており、交通サービスも「生存配慮」の対象となっている。

5　フランスの一九八二年の国内交通基本法（現、モビリティ基本法）で示された概念。移動ということに対して権利という概念を用いたことで知られる。

6　英語では、計画プロセスはSustainable Urban Mobility Planningとなるが、ここでは、プロセスも含めてSUMPと呼ぶ。

7　経営戦略等を立てる際に、現在の状況を内部環境のプラス要因である強み（Strengths）、マイナス要因である弱み（Weaknesses）、外部環境のプラス要因である機会（Opportunities）、マイナス要因である脅威（Threats）の四つの項目で整理し、分析する方法。

8　自宅でもなく、職場でもない、第三の居場所で、この概念を提唱したアメリカの社会学者オルデンバーグは「インフォーマルな公共生活の中核的環境」（Oldenburg, 1989）と定義した。

9　公的なプロジェクトについて、それが行われる場合（with）と行われない場合（without）について、ある年次を基準として、一定期間に発生する社会的便益と、社会的費用を貨幣換算し、それぞれの増分の現在価値を比較して、プロジェクトの評価を行う分析手法。cost befit analysis の頭文字からＣＢＡと呼ばれる。

10　公的プロジェクトの評価にあたり、複数の基準を用いる手法で、さまざまヴァリエーションがあるが、一つの基本形として、①意思決定の文脈の確認、②代替案の確認、③目的と基準の確認、④スコアリング、⑤ウェイティング、⑥スコアの統合、⑦結果の吟味、⑧感度分析という段階的なステップが取られる（堀江・萩原、二〇〇三）。したがって、ＣＢＡに比べて、貨幣換算できない価値も含めた評価が可能になる一方、手順が複雑でスコアリングやウェイティングなど、分析者の恣意性が入るという問題もある。multi-criteria analysis の頭文字からＭＣＡと呼ばれる。

11　Commission Recommendation（EU）2023/550 of 8 March 2023 on National Support Programmes for Sustainable Urban Mobility Planning

第7章 欧州から何を学ぶことができるのか

日本と海外では、地理的にも歴史的にも相違点が多い。国際比較で何かを語ろうとすると、海外の手法は単純に適用できないという反論が付きまとう。しかし、相違点を強調して思考停止をしても、先に進むことはできない。重要なことは、共通の問題や課題にどのように対処したのか、あるいはこれから対処しようとしているのかをしっかり理解して、そこから学ぶべきことを学ぶことである。

欧州の先進国と日本は、いずれも所得水準が高く、政策や意思決定が民主的に行われる点で共通している。交通との関連でも、先進的な科学技術や世界的企業の存在を背景に自動車交通や公共交通機関が発達している。さらに、自転車や徒歩も多く用いられ、古くからの市街地と第二次大戦後発達した郊外が混在していることも共通している。「海外から学ぶ」というと、しばしば「欧米から」とひとくくりにされるが、アメリカのほとんどの都市はかなりのクルマ社会であり、むしろ「欧」と「米」の都市間の違いは、日欧間よりも大きい。これは筆者らの感触であるのみならず、欧米の都市や交通の専門家からもよく聞かれる話である。

SUMPは、欧州先進国の経験も踏まえつつ、東欧や南欧諸国など、かなりのバラツキがある各国の事情も考慮した上での指針として出されたものである。その意味で、内容は普遍的で、日本の都市が持続可能な社会を築いていくにあたって、多くのヒントを得ることができる。本章では、最初に日本の交通まちづくりにかかる現状の制度、枠組みを簡単に述べたうえで、第6章で述べたSUMPの特徴のうち、日本が学ぶべきポイントとして、バックキャスティング・アプローチの適用とエビデンス重視、そのためのデータ整備、統合的な施策の策定、財源確保をピックアップする。

1　交通まちづくりにかかる日本の制度

†二〇〇〇年以降整備された日本の制度

日本の交通まちづくりの計画制度としては、都市・地域総合交通戦略、地域公共交通計画の二つがある。第5章でふれた一九九〇年代からの自動車の急増と、二一世紀に入り人口の減少や都市のスプロール化が顕在化する中、前者は二〇〇六年に、後者は二〇〇七年に制度化されたものである。地域公共交通計画（当初は地域公共交通総合連携計画）は、二〇〇七年に成立した地域公共交通活性化再生法（地域交通法）に基づくもので、地方圏の公共交通の利用者が減ってきたことに対し、地域公共交通の再構築や、海外で普及したLRTやBRTの導入への支援を行おうとする新たな制度を盛り込んでおり、当時としてはそれなりに踏み込んだものであった。第1章で述べた富山市内の路面電車環状化も、この法律の適用によって、軌道としては初の上下分離方式を実現することができた。

二〇一三年になると、日本で初めて交通政策に関する基本法「交通政策基本法」が成立し、二〇一四年には、基本法に沿って都市再生特別措置法と地域交通法が改正された。コンパクト・プラス・ネットワークを推進するために、都市再生特別措置法の改正によって立地適正化計画が導入され、後者の新たな地域公共交通計画（二〇一四年時点では地域公共交通網形成計画）と一体化した形の計画策定が推奨された。また、地域交通法の改正では、地域公共交通計画の策定は基礎自治体を超えた広域での策定が可能になった。SUMPでは、地行政区域ではなく交通流に基づく都市圏域で計画を立てることを推奨しているが、期せずして、同じ考え方を取り入れた形となっている。

†制度運用の現実

都市・地域総合交通戦略の目的は「望ましい都市・地域像の実現」で、公共交通だけではなく、すべての交通手段を網羅した戦略である。その意味ではSUMPの考え方に近い。二〇二三年三月時点で、同戦略を策定した都市（策定中も含む）は一二七地区・都市に達している。また、コンパクト・プラス・ネットワークに向けた立地適正化計画を進める都市もあり、こちらは二〇二三年一二月末時点で、七〇三都市が具体的な取り組みを行っている。一方、地域公共交通計画は、公共交通の計画に主眼が置かれるが、立地適正化計画と両方を策定しているところも少なくない。地域公共交通計画の策定は、二〇二〇年の地域交通法の改正で、基礎自治体の努力義務となり、二〇二四年三月末時点で一〇二一件作成されており、うち四四八自治体（二〇二三年一二月末時点）が立地適正化計画の両方を策定している。

しかしながら、制度は整備されたが、地方都市において公共交通を軸としたコンパクト・アンド・ネットワークの形ができあがったかといえば、そうとはいえない。第1章でみた宇都宮市や富山市などは例外で、むしろ逆行しているケースも少なくない。肥後ほか（二〇一三）は、四四都市のマスタープランで確認したところ、合計五二一の拠点があることを示しており、谷口（二〇一四）は、「一都市当たり一一・八箇所の集約拠点の存在は、むしろ分散化計画の様相さえある」としている。また、日本経済新聞（二〇一八年四月二一日電子版）が立地適正化計画を策定した一一六の地方自治体に行った調査（二〇一七年末）では、都市機能及び居住誘導区域外で開発届けがあった六五市町計一〇九八件のうち、件数で五八％が何も手を打たず、残りの四二％は制度説明や規模縮小の依頼などの「情報提供・調整」のみで、建設計画の変更にまで至った事例はなかったと報じている。さらに、同紙の別の記事（二〇二二年一二月一九日）では「中心市街地の再整備と郊外の大規模開発を同時並行で進める矛盾」として、秋田市や取手市の事例を報道している。

こういった逆行や矛盾があるということは、裏を返せば、他所から学び、今ある制度や運用を大きく改善する余地がまだかなり多いことを示唆している。以下では、ＳＵＭＰの基本的な方針を踏まえて、学ぶべき点を絞り、議論を進めていく。

2 バックキャスティング・アプローチ

†需要追随型からバックキャスティング・アプローチへ

バックキャスティング・アプローチとは、将来のあるべき姿を定め、そこで設定した目的の実現に向けて足もとに遡り、時間の区切りを決めて施策を講じる計画手法である。環境政策では、一九九〇年代から地球温暖化問題が課題となったが、地球全体の平均気温の上昇を一・五度以内に抑える目標を決め、その達成に必要な二酸化炭素などの温室効果ガス排出削減の目標値を決め、それに向けて施策を策定するというバックキャスティング・アプローチが一般化した。国連のミレニアム開発目標やSDGsの設定とそれに向けた施策は、一つのわかりやすい事例であろう。

一方、第二次大戦後の日本の都市計画や交通計画は、増え続ける人口や交通流という需要に対応する形で進められてきた。住宅地の造成と都市の拡大、それを支える道路や鉄道の整備、そして混雑緩和が主な目的であった。実際、そうした施策が日本の経済社会の発展に寄与したことは間違いない。けれども、今世紀に入ると、人口の減少、自家用車の普及といった中で、地方都市の公共交通は混雑よりも利用者減少が深刻になり、その再生や活性化が求められるようになった。コンパクト・アンド・ネットワークという戦略も、目先の需要ではなく、まちの形を意識し、そこに向けて施策を講じるという考え方で、需要追随型の交通計画からの転換を図るものでもあった。

もっとも、前節でみたように、そうした戦略が各地で実を結んでいるとは言えない。「環境」、「中心市街地活性化」など言葉は躍るが、これらに対応する目標値とは結びつかず、目標値がないからそこに向かうための具体的な施策パッケージもない。改めてSUMP流のバックキャスティング・アプローチの考え方をしっかり日本にも根付かせ、地域やまちの計画に取り入れることは、SUMPから学ぶべき第一のポイントである。

SUMPでは、計画の準備段階であるフェーズ1のステップ1から最後まで一貫して、市民を含むステークホルダーの当事者意識の醸成と具体的な参画を求めている。SUMPにおけるビジョンは、関係者の阿吽《あうん》の呼吸や専門家のみの議論で決めるものではなく、市民やステークホルダーも含めた関係者の間でじっくりと議論したうえで出来上がるものである。その際、現状のまま推移した場合も含め、複数のシナリオを比較検討したものでなければならない。また、計画を遂行するうえでのキーとなる指標（KPI）が、ビジョンとそこで決められた目的に応じた目標値となっていること、さらに、目標達成のための施策がパッケージとしてしっかりと時間を決めた形で策定されているのかも求められる。

SUMPのビジョンの共有から目標値策定で一貫しているのは、市民やステークホルダーの視点からの目標値を見出すことであり、サービス提供側の視点からの目標値を定めるわけではないという点である。地球温暖化対策の目標が温室効果ガス排出者の視点からの目標ではないのと同様である。SUMPの目標はあくまで、都市交通や人の移動全体を将来に向けて改善し、豊かさや持続可能性を高めようというものである。

なお、ビジョンと言ってもややこしいものである必要はない。SUMPのガイドラインで取り上げられている事例に交通事故ゼロを目指す「ビジョン・ゼロ」があることを前章で紹介した。欧州各都市では「ビジョン・ゼロ」という目標を立てる都市は多く、実際、ノルウェーの首都オスロは、二〇一九年に歩行者と自転車の交通事故死者数ゼロを達成した。

†日本の問題

日本の場合、地方都市圏の地域公共交通が民間事業として運営されてきたことに加え、コロナ禍による事業への打撃もあって、地域公共交通計画は、ともすると、公共交通の存続や交通空白地域への対処という目先の課題への対処ばかりが目的となりがちである。国土交通省が公表している「地域公共交通計画等の作成と運用の手引き」には、「地域公共交通計画は、『地域にとって望ましい地域旅客運送サービスの姿』を明らかにする『マスタープラン』としての役割を果たす」と書いてある。けれども、「望ましい」姿とは何かといえば、次の段落で「既存の公共交通サービスを最大限活用した上で、必要に応じて自家用有償旅客運送やスクールバス…等の地域の多様な輸送資源についても最大限活用する取組を盛り込むことで、持続可能な地域旅客運送サービスの提供を確保すること」であり、「……生産性を向上しつつ、地域の高齢者はもとより、外国人旅行者も含めた幅広い利用者にとって使いやすいサービスが提供されること」だという。

これを読んでわかることは、「望ましい……姿」を明らかにするマスタープランといいながら、そこでいう目指す将来のビジョンは、あくまでサービス供給者の視点である。「持続可能な地域旅客運送サービス」というのも、あくまでサービスの提供にあたっての生産性の向上を図ることにとりわけ重きが置かれているように見える。そもそも、ここでいう「持続可能な」は、ともかくも公共交通を維持確保することであって、第5章で述べた本来の意味での持続可能な社会という考え方とはまったく異なる。したがってSUMPの志向する都市交通や人の移動全体を将来に向けて何をどの程度改善していくかという視点とも異なる。

このことを端的に表すものが、手引書で示された「数値指標の例」である。そこでは四〇の数値指標の例が挙げられているが、例えば、SUMPで重視されている環境負荷の軽減についてはわずかに四つ、「CO_2排出量の削減」、「渋滞の削減」、「自家用車分担率の縮小」「EVバスの導入」である。しかも、「EVバスの導入」以外の項目は「交通施策との関連性の高さ」について、「高い」とは付記されておらず、この数値目標を設定することは、「標準」ではない。「CO_2排出量の削減」、「自家用車分担率の縮小」が推奨という位置づけである。また「EVバスの導入」は施策（アクション）であり、環境負荷の軽減という目的に対する指標と、その手段である施策の実施に関する指標が混在している。

一方、「標準」として太字で強調された指標は、「地域公共交通の利用者数」、「地域公共交通の収支率」、「地域公共交通への公的資金投入額」であり、あくまでサービス供給者側の視点である。さらに、「公的資金投入額」という指標は、公共交通の投資を増やすという方向ではなく、公的資金の支出を抑えるための目標値として運用されるのが実態である。第2章と第3章のフォアアールベルクの例で見たように公的資金も投じつつ先手を打って公共交通を拡充することは本来の意味での持続可能性の向上に寄与しうるが、公的資金の支出を抑制するのを目的としてしまっては、そのような政策の可能性を閉じてしまっているに等しい。

日本の地域公共交通計画を、目先の交通事業の収支や、公的資金支出の抑制のためのツールとするのではなく、持続可能なまちづくりや社会づくりへのビジョンを実現するために、それぞれの時点で必要な目標値、具体的には交通手段分担率のような目標値を段階的に設定していくことが求められる。

また、努力義務になっている地域公共交通計画や、立地適正化計画は、そもそもの対象とする内容がそれぞれＳＵＭＰとは似て非なるものとなっている。ＳＵＭＰのカバーする内容により近いのは都市・地域総合交通戦略であるが、ＳＵＭＰのようにすでに義務化されていたり法制化の見込みがあるわけでもなければ、地域公共交通計画のように努力義務となっているわけでもない。都市によっては都市・地域総合交通戦略と地域公共交通計画を兼ねた一つの計画としているところもあるが、これでは公共交通事業中心の計画になってしまい、徒歩や、自転車、自動車交通の戦略を都市・地域総合交通戦略の中で立てるのは難しい。都市・地域総合交通戦略は、本来は地域公共交通計画や立地適正化計画の上位に位置づけられる計画でなければならないはずである。また都市計画法など別の枠組みで過去に計画された都市計画道路などの自動車交通のためのインフラの計画を変えるほどの力があるかというと、現状ではそうではない。その意味で、ＳＵＭＰと都市・地域総合交通戦略にはかなりの開きがあるし、都市・地域総合交通戦略の蓄積を踏まえつつ、ＳＵＭ

Pの理念や経験を取り込み、実践にまでつながる計画に発展させる必要がある。

3 EBPM――エビデンスに基づいた政策づくり

†バックキャスティング・アプローチとEBPM

バックキャスティング・アプローチで目的を見定め、それに向けた新たな施策を講じるうえで重要なことのひとつは、科学的なエビデンスである。近年、さまざまな政策分野で、エビデンスに基づいた政策づくり（EBPM：Evidence-based Policy-making）の重要性が語られているが、日本では、二〇一七年一月に「政府全体における証拠に基づく政策立案（EBPM）の定着、国民のニーズへの対応等の観点」から、総務省で「統計改革推進会議」が設置され、証拠となる基礎データとして統計の整備が求められた。モビリティ、交通の分野においてもデータとそこから導かれるエビデンスの重要性は論を俟たない。

ただし、エビデンスとは「科学的な根拠・裏付け」のことであり、単にマニュアル化された数値を有象無象のデータから拾うことではない。施策の費用と便益を今までより精緻に計算するということも一つのエビデンスを示す分析であるが、それだけではなく、施策が如何に目標に整合的になるかを幅広い観点から分析したエビデンスが求められる。むしろ、費用便益分析のように、経済効率性という単一の評価軸に対して、一定の結果が出る数値は、その限界をしっかり理解しなければならない。

重要なのは、先に述べた目標を起点とするバックキャスティング・アプローチにおける政策づくりのためのエビデンスである。バックキャスティングでは、目的に沿って、時間軸も組み込んだ目標値を設定し、そこから逆算して、その実現に必要な施策を組み合わせていく必要がある。

しかし、いざ施策を組み合わせて目的を達成しようとすると、何をどのくらいやったら目的が達成できるのか、直感的にはわからないことが多い。例えば、ほとんどのカーシェアリングは「環境にやさしい」ことを謳っているが、ではカーシェアリングの車一台は、個人で保有する自動車を何台くらい減らす効果があるのか、またそれによって、一体どれくらいの交通行動の変容が促されて、どれくらいの温室効果ガス排出が削減できるのか。あるいは、第2章でみたフォアアールベルクのように列車を増発してから新たな乗客が定着するまでには、いったいどれくらいの年月がかかるのか。電動キックボードが新たな乗り物として登場すると、もともとどの交通手段を使っていた人が電動キックボードに転移するのか。それによって交通分野のエネルギー消費は増えるのか、減るのか。交通事故は増えるのか、減るのか、等々……。

このように、バックキャスティングのアプローチで政策を立案しようとすると、「どんな施策を実施すれば何がどの程度変わるのか」という問題に直面する。ＥＢＰＭが本領を発揮するのは、目的志向型の政策づくりの中で、このような知見を提供する際である。とりわけ、目的達成までの時間軸、施策の組み合わせなど、過去の経験値も踏まえたエビデンスが求められる。

†目的にそった手段かを見極めるＥＢＰＭ

ＥＢＰＭが本領を発揮するもう一つの場面は、施策が目的にかなった手段であるかを注意深く見極める場合である。交通は、自治体など公的セクターだけで成り立つものではなく、民間事業者がサービス提供を担うことで初めて成り立つ。持続可能性を掲げる都市が多くなれば、どんなサービスを提供する民間事業者も決まって「我が社のサービスは持続可能性に貢献します」という謳い文句を掲げるが、果たして本当にそうであるかは検証が必要である。謳い文句を鵜呑みにして施策を決めたら、実は目的の実現には逆効果だった、ということにもなりかねない。

表７－１はアメリカのサンフランシスコ市交通局がまとめたライドシェアに関するさま

ざまなデータを基にして、ノルウェーのオスロ都市圏交通局が分析して比較したものである。ライドシェアとは一般のドライバーが自家用車を使って有償で乗客を運ぶサービスであり、日本国外では「ウーバー」や「リフト」「グラブ」などのアプリがよく知られてい

ライドシェア事業者の売り込み	エビデンス / 研究結果
渋滞が減少する	ノー。ライドシェアは2010-2016年のサンフランシスコの交通量を51% 増大させた。
自動車の走行距離が減少する	ノー。ライドシェアは2010-2016年のサンフランシスコのライドシェア車両の走行距離の40% は回送であった。
ファーストマイル、ラストマイルに役立つ	ノー。公共交通のアクセスのためのライドシェア利用はベイエリア都市圏全体で1%。
自動車を持たないライフスタイルを促進する	ノー。2010-2019年のサンフランシスコの世帯当たり自家用車保有率は変化なし。
1台でより多くの人を運ぶ	ノー。ライドシェアの平均乗車率は自家用車と同程度。
車を運転しない人にもモビリティの選択肢を増やす	限定的。75歳以上の利用者のライドシェア利用は1% 未満。車いすでの利用が可能になったのは訴訟とその後の法整備のあと。

表7-1　オスロ都市圏交通局による、ライドシェア事業者の売り込みとエビデンスの比較
出典：オスロ都市圏交通局 RUTER の資料より筆者作成

る。

オスロ都市圏交通局は、「持続可能な移動の自由を提供する」ことを最上位の目的として、幅広い選択肢を提供してさまざまな個人のニーズに対応できるようにすることで市民にとって魅力的なサービスを提供することを掲げている。この分析は、そうしたビジョンを前提に、オスロ都市圏交通局が「ライドシェアはオスロの掲げる目的に合致するか？」という問題提起から出発して、先行してエビデンスとなるデータの蓄積があるサンフランシスコの例を参照したものである。オスロにもライドシェア事業者はさまざまな売り込みを行ったのであろうが、事業者の売り込みのセールスポイントが、本当にそうであるか、エビデンスを集めて検討した結果がこの表である。この分析を基に、オスロ都市圏交通局は、少なくとも今の形態のライドシェアは、事業者が謳うような効果は期待できず、オスロ都市圏の交通政策の目的とも合致しないと判断している。

昨今では、日本でもライドシェアが大きく注目されているが、タクシー不足という目先の課題に対する対症療法的な導入という印象が強い。こうした施策は意図とは異なるところで思わぬ副作用をもたらすこともあり、長い目でみた持続可能なまちづくりとの兼ね合いを十分に検討しておく必要がある。海外発の医薬品の場合は、海外での副作用の状況についてのエビデンスを集めることはよく行われている。交通の場合も同様で、新しいサービスや乗り物の副作用を他所でのエビデンスから類推しておくことは必要である。

†エビデンスの批判的な検討と蓄積が必要

エビデンスの蓄積は決して容易なことではない。モビリティや交通の世界では、得られる一つ一つのエビデンスは、ほとんどの場合、どこか他の都市や地域でのケーススタディーである。ケーススタディーから得られるエビデンスは、投与する人々と投与しない人々を比べて効果を確かめる新薬やワクチンの治験や、試験設備を使って標準化された条件下でさまざまな試験を行う新型自動車の試験のような、さまざまな条件を統一（コントロール）して行う実験から得られる科学的エビデンスとは性質が異なる。信頼性の高い科学的アプローチによって得られたものであるかどうかの検証や、他の場所での適用可能性にも十分に注意を払う必要がある。

それでも筆者らがエビデンスに基づいた政策決定が重要だと考えるのは、上で述べた「どんな施策を実施すれば何がどの程度変わるのか」という知見の有無が、バックキャスティング・アプローチによる政策の有効性に大きく影響し、ひいては持続可能性目標への貢献といった政策目的にかなう効果的で受容可能な施策の組み合わせを見出すことに大きく寄与すると考えるからである。また、そうした際に使われるデータの意味と限界を理解したうえで、エビデンスを使う必要があるからである。

先に述べたオスロの例は事業者の宣伝文句を批判的に検討している。一見するとオスロ都市圏の交通政策の目的に合致しているように思われる事業者の謳い文句が、実際はそうでない可能性が高いどころか、実はライドシェアは逆効果だという結論を他所で得られたエビデンスから導いている。ライドシェアの導入が本当に政策の目的にそった施策かを見極め、注意深く施策を決めている例だといえる。[c]ともすると、従来の評価軸に従いながら、安易なデータ解釈で、これまでの延長線上の施策を考えたくなるし、そのほうが楽かもしれない。しかしそれでは必要とされる持続可能な社会への変革につながることはない。より広い視野から集めるエビデンスと、科学的な立場からの批判的検討が大きな意味を持つのである。

筆者たちの感覚では、交通とモビリティの分野における、バックキャスティングのアプローチに必要なエビデンスの蓄積は、全体に欧州が進んでいるように思われる。日本では次に見る通り、交通手段分担率といった基礎的データすら収集できておらず、また存在するデータも活用されていない。データ収集や研究にリソースを割いてこなかったことが日本の問題である。その点を改めれば、政策の組み立て方を変革できるはずだ。

4 データ整備

†遅れる日本の統計整備

エビデンスの獲得には、データが欠かせない。近年、ビッグデータと言われる膨大なデータが、高性能のコンピュータで処理されるようになり、かつてと違い、豊富な統計データが何にでも活用できるかのような印象がある。ビッグデータの出どころはスマートフォンの位置情報や、カメラや改札機などのさまざまなセンサーである。ところが、都市計画や交通計画を策定する際に分析が必要なデータは、こうしたセンサーのデータだけでは不十分である。例えば交通系ICカードのデータやスマートフォンの位置情報からは「どこからどこまで」移動したかはわかるが、「何のために」移動したのかはわからないし、「なぜその交通手段を選んだのか」もわからない。そもそもこうしたデータの多くは企業の内部データであり、誰もが無料で自由に使える形にはなっていない。

定性的なデータは、計画づくりの際に市民のアンケートなどで補完がなされるが、そのような形で収集されたデータは、それぞれの計画の一回限りのアドホックな値となり、長期にわたって継続的にモニターできるものになっていない。公的機関の調査統計は、予算面、人員面での制約が強まる中、既存の統計調査さえも満足に行えない状態になっている。交通関係の場合、事業者の業務から得られる輸送人員等の業務統計も公的機関から公表されるが、統計としてタイムリーに入手することができない。

このように日本が取り組むべきデータ整備の課題は多いが、ここでは、ビッグデータという議論の前に、SUMPが示す以下の二点、交通手段分担率、そして公共交通サービス水準も含めたアクセシビリティに関するデータ整備の必要性を指摘しておきたい。いずれも、前項で述べたEBPMの基礎となるものとして、欧州では広く使われているデータである。

†交通手段分担率

SUMPのガイドラインは、「交通手段分担率は、他の指標の上位に位置づけられる目標値としてSUMPに組み込むことが推奨されるといって差し支えない」とはっきり述べている。それくらいビジョンを実現するための目標値として重視している指標が、日本では必ずしも整備できていない。

大都市ではパーソントリップ調査として、人の移動に関する大規模な調査が行われるが、一〇年あるいはそれ以上の間隔が空く。比較的少数のサンプルで、五年間隔で同じく全国パーソントリップ調査（全国都市交通特性調査）もあるが、やはり実施される都市は限定されており、小都市や地方部のデータは国勢調査を手掛かりにするしかない。こうした調査は、データの重要性を鑑みれば、さらに広い範囲で、頻度を上げた調査が必要である。

地域公共交通計画や都市・地域総合交通戦略において、目標値として設定すべき指標が、当該地域のデータが存在しないために測定できず、したがって目標値に設定できないというのは本末転倒である。交通手段分担率のデータがなければ、目標値が設定できないだけではなく、施策の進捗度合いや効果も把握できない。言い換えれば、そうしたデータが整備されれば、各地で講じられた施策によって、実際にどの程度交通手段分担率に影響を与えたかがわかり、そのことが、次なる施策の選択の有効な判断材料、つまりエビデンスとなる。

パーソントリップ調査の実施には、それなりの知見とノウハウが必要でその構築は容易ではないが、幸いなことに日本にはすでに数十年の蓄積がある。持続可能な社会に向けた交通とモビリティにとって重要なことは、交通手段分担率やそれに付随するデータを、都市・交通計画づくりとそのモニタリングに使えるよう、地方部も含めて定期的にしっかり整備することである。とはいえ、パーソントリップ調査のようなアンケート方式の調査は、かかる手間も費用もそれなりに大きく、回答者にもそれなりの負担がかかる。筆者の一人柴山のヨーロッパでの最初の研究作業の一つは、欧州全体で各国のパーソントリップ調査をどう統合していくかを検討するための指標の洗い出しとそのデータ取得方法の検討であった。すべてをスマートフォンなどによる調査に置き換えると統計上の偏りが生じるとみられ、また取得できないデータもある。アンケート方式による五～一〇年間隔の高精度かつサンプル数の多い調査と、少ないサンプル数で毎年行う補完調査を組み合わせる方式を欧州委員会に提言した。日本でもデータ整備に向けた同様の工夫が必要であろう。

†アクセシビリティ指標

第5章で議論した通り、モビリティが重要であるのは、単に移動できるということだけではなく、それを通して目的となる活動機会を得られることである。つまり仕事や学校、病院や買い物場所という目的地にアクセスし、欲求が満たされるかどうかが鍵になる。この点について、第6章で、ベルギーのフランドル地方の「モビスコア（Mobiscore）」を一例として紹介した。これは、フランドル地方行政の環境・自然・エネルギー局が個々の住宅や土地に「アクセシビリティスコア」を割り当てるというもので、鉄道駅、バス停、学校などのさまざまな施設に、徒歩や自転車などの持続可能な交通手段でどの程度アクセスできるかを示している。

昨今では、日本でも豊富な地理情報データを活用することができるので、アクセス対象となる施設など、一定の前提を決めれば、全国的にそうしたスコアを展開することは不可能ではない。もし、このようなデータが利用できれば、各都市や地域は、住民のアクセシビリティの実態を把握し、モビリティ計画において、何を改善すべきなのかということがわかる。さらに、総人口のどの程度の割合の人を、どの程度のスコアまでアクセシビリティを向上させるかといった目標値も、こうしたデータを整備すれば明確に設定できる。

†公共交通のサービス水準指標

各種施設に対するアクセシビリティまで行かなくとも、公共交通にどの程度容易にアクセスできるかという公共交通のサービス水準指標は、駅やバス停の地理情報と時刻表データがあれば作成できる。第3章で詳しく見たビジョン・ラインタールの策定の際には、当時使うことができたデータでサービス水準を分析した。

オーストリアはそれを発展させて、全国の公共交通のサービス水準について、現在、表7－2のようなランク付けをしている。例えば、徒歩三〇〇m以内のバス停もしくは五〇〇m以内の駅に一〇～二〇分に一本バス／近郊列車が来る地区はサービス水準Cランク、

駅・バス停までの距離	300 m 以内	301～500 m	501～750 m	751～1000 m	1001～1250 m
運行頻度 1	A	A	B	C	D
運行頻度 2	A	B	C	D	E
運行頻度 3	B	C	D	E	F
運行頻度 4	C	D	E	F	G
運行頻度 5	D	E	F	G	G
運行頻度 6	E	F	G		
運行頻度 7	F	G			
運行頻度 8	G				

（運行頻度 1～7 の内訳）

	長距離列車・急行列車	近郊列車	路面電車・トロリーバス・BRT	バス
5 分未満	1	1	2	3
5 分以上 10 分以下	1	2	3	3
10 分超 20 分未満	2	3	4	4
20 分以上 40 分未満	3	4	5	5
40 分以上 60 分以下	4	5	6	6
60 分超 120 分以下	5	6	7	7
120 分超 210 分未満		7	8	8

表 7-2　オーストリアの公共交通のサービス水準のランク
注：ランクが空欄の地域は、公共交通空白地と見なされる
出典：Hiess（2017）

同じ条件で二〇〜四〇分に一本バス／近郊列車が来る地区はサービス水準ランクDといった具合である。このデータが国の機関によって全国一律に整備されていて、しかも毎年更新され、インターネット上で公表されている。各地域の公共交通のサービス水準が可視化できるうえ、各都市や地域は、それぞれのランクに住民の何パーセントが属しているかもわかる。したがって、目標値の設定も容易になるし、どこを改善しないといけないかの見極めもエビデンスに基づいたものになる。

これによって例えば、建物に義務づけられる附置義務駐車場の容量を公共交通サービス水準に応じて柔軟に減らすことができる。附置義務駐車場と交通の関係は見落とされがちだが、公共交通が充実していて駐車需要の少ないところに駐車場を設置する必要がなくなり、不動産開発業者にとっては費用縮減のメリットがある一方で、公共交通の利用を促す点で持続可能なモビリティにも資することになる。また、土地利用を変えて新たに開発する場合にも、公共交通のサービス水準が一定程度あるところを優先する、といった判断ができるようになる。

このデータは、日本でも用いられるＧＴＦＳ（General Transit Feed Specification）と呼ばれる公共交通時刻表の国際標準形式のデータと、ＧＩＳ（地理情報システム）に取り込む道路ネットワークのデータから作成されている。したがって日本でも同様の手法での指標化は可能で、実際、筆者らも参画した宮城県石巻市の「石巻市総合交通計画」（二〇二二年三月）では、石巻市内の公共交通サービスをオーストリアの基準に沿ってランク付けし、公共交通の現状を把握した。目標値としての設定はないが、こうしたデータに基づき、「夕方以降の時間帯での運行の拡大や、休日における運行時間帯の拡大など、運行本数の拡大に向けた見直しを進めます」といった施策を導き出している。

しかし全国一律で計算しようとすると、データ整備状況のハードルにぶつかる。道路ネットワークのデータはともかくも、公共交通の時刻表データであるGTFSデータは、どこかに誰もが自由に使える形で全国や地域ごとにシステマティックに一元的に公開されているかというとそうではない。研究者や有志がいわゆる「まとめサイト」を作っているが限度がある。整備自体は、特に中小の交通事業者を対象にした国土交通省の支援や都道府県単位などの研修会もあり、相応に進んでいる印象はあるが、公共交通全体を全国や地域単位で一元的に扱えるかというと、まだそういう状況ではない。オープンデータ化されているのはバスのものが中心で、鉄道のGTFSデータは基本的に民間事業ベースで有償での提供のままである。こうした時刻表データは公益性の高い情報であり、より透明性の高い目標策定のための指標作成に資するよう、オーストリアの例に倣いつつ最新版を誰もが無償で使える体制を構築していく必要があるだろう。

5　統合的な施策策定

†縦割りからの脱却

日本において、交通まちづくりが必ずしも進まない理由の一つが、施策が担当行政部局、交通モードなどで、バラバラだということである。先に紹介した新聞報道でも、コンパクト・アンド・ネットワークを推進しようとする国土交通省と、郊外の大規模開発を推進しようとする経済産業省の縦割りを批判している。交通とまちづくりにおける縦割り行政の弊害は繰り返し指摘され、二〇〇〇年には、旧建設省と旧運輸省は、国土交通省という組織に再編された。しかし、自動車、鉄道、都市計画、土地利用など、それぞれの部局で、それぞれの専門性が必要とされることも事実で、これらを総合的に俯瞰して政策を立てるということは、言うは易く、実行は難しい。この問題は、程度の差こそあれ、欧州とて同じである。

多くの欧州の公共交通は、今日、都市内の一定のゾーンでは、事業者やモードを問わず、乗り換え自由という共通運賃制になっているが、かつては違っていた。第二次大戦後、自家用車の普及が進み、公共交通の利用者が減少したドイツのハンブルク市が、地下鉄、都市内鉄道、路面電車、バスの運賃統合、運行計画の一元化を提案したのが一九六〇年で、五年をかけて運営の核となる組織「運輸連合」を作り、一九六七年一月に最初の共通運賃制度を導入した。この段階で七年かかっている。その後、ドイツでこうした形の運輸連合が広がっていくが、運賃統合やサービスの統合が西欧で進んだのは一九八〇年代以降である。

自家用車と公共交通サービスを統合する手段としてのパークアンドライド設備の普及も決して古いものではない。フランスでは、一九九〇年代、土地利用計画や都市の再開発と一体でLRTの導入を本格化させたが、その背景には、この時期、SUMPの原型の一つといえる都市圏交通計画（PDU）の策定を義務化したという事情がある。ちなみに、PDUは、現在、モビリティ計画（PDM）と呼ばれるようになったが、フランスではSUMPイコールPDMであり、既存のPDMと競合するようにSUMPが別途あるわけではない。これまでにPDU／PDMを作成した都市は、すべてSUMP策定都市としてカウントされている。

†パッケージとしての施策

縦割りによって、それぞれの施策の効果が減衰したり、逆効果になったりしたのでは、目的は達成できない。先に述べた中心市街地再開発と同時進行する郊外の大規模開発はその典型的な例である。欧州にも同じような問題がある。だからこそ、SUMPは、ガイドラインの冒頭、セクション1で、「従来の計画手法とは対照的に、SUMPでは、市民やステークホルダーの参加、セクター間（特に交通、土地利用、環境、経済、社会政策、健康、安全、エネルギー）の政策の調整、行政の異なる層の間（国・都道府県・市町村の間）の横断的な協力、そして民間のアクターとの幅広い協力を特に重視している」と書いている。ともすると縦割りになりがちな組織と計画の進め方を、最初のところでバッサリ断じている。SUMPの八つの原則にも、「組織の垣根を超えた協力」、「すべての交通モードの統合的な発展の促進」という二点が明記されている。

SUMPのフェーズ3「施策の策定」のガイドラインでは、「統合された施策パッケージの定義」（アクティビティ7・2）のチェックリストとして、第六章で述べたとおり、「相乗効果を実現し、また実施の際の障壁を取り除くことが期待できる施策パッケージの案を明確にしたか」「土地利用計画や他のセクターの計画との統合を考慮して、施策パッケージをチェックしたか」と、しつこいくらいに注意を喚起している。

ちなみに、ここでは「統合」（integration）あるいは「統合的」（integrated）という言葉が使われることが多い。単に全体を俯瞰するというだけではなく、それぞれの施策が整合的でかつ相乗効果を持つ形で組み合うイメージである。日本の場合、「総合政策」という用語は良く用いられるが、各種の計画で提示される具体的な施策がパッケージ化されないまま、個別に実施されると、相矛盾することにすらなりかねない。さらに、施策には目標に向けて望ましい方向に引っ張る「プル」の施策と、目標にとっては望ましくないやり方を押し出す「プッシュ」の施策をセットで行わなければならない。押し出すというと痛みを伴いそうな印象が強いが、無理に何かを禁止したり規制したりする手法が推奨されているわけではない。むしろ、税制や料金体系、あるいは駐車の制限といった、人々の判断に働きかける手法で、目標に向けて誘導することで押し出しを図ることがプッシュの本質である。コロナ禍で「行動変容を促す」という言い方が定着したが、この語感がかなり近い。日本の計画においても、上記のようなチェック項目を加え、真に効果のある施策を打てるようなプッシュ&プルの計画が必要であろう。

†ダウンズ・トムソンのパラドックス

道路整備と公共交通の整備について、バラバラに施策が講じられた場合の問題を説明した理論が、ダウンズ・トムソンのパラドックスである。以下、簡単に説明しておこう。

今、二つの地点を移動する手段として道路と鉄道があるケースを考えよう。図7－1では、移動する人の総量は一定（横軸O_cO_tの長さ）で、自動車の利用者数は、左側の原点O_cから右に行くほど増える一方、鉄道の利用者数は、右側の原点O_tから左に行くほど増え、移動総量を交通手段別に道路と鉄道が分担する状態を示している。

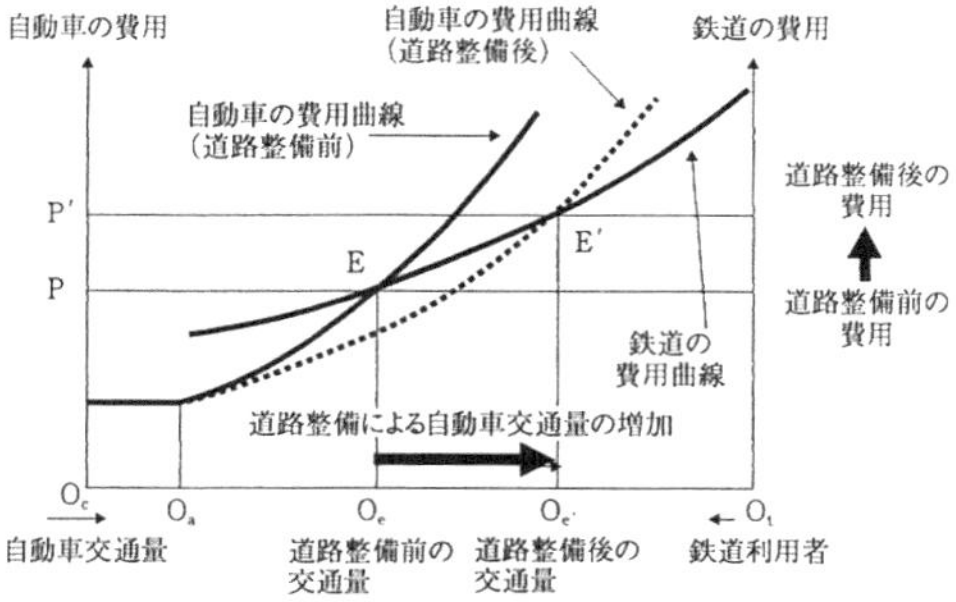

図7－1　ダウンズ・トムソンのパラドックス

　個々人は、それぞれ自ら負担する費用だけを考えてどちらかの手段を選び、その際の費用には、時間的なコストも含めるものとする。費用の大きさは縦軸である。道路を走る自動車の場合、自動車を運転する人が一定水準（O_a）を超えると、渋滞が発生して、時間的なコストも含めた移動手段としての平均費用は増加する（費用曲線は右上がり）。これに対し、鉄道は線路などインフラ部分の固定費が高いため、利用者が増えるほど、逆に一人当たりの平均費用は低下する（費用曲線は左下がり）。このとき、自動車を利用する人と鉄道を利用する人の割合は、両者の平均費用曲線が交わるEに決まる。もし、この状態で、さらに自動車に乗って移動しようと思うと、鉄道で移動するよりも渋滞で費用がかかってしまう一方、自動車を止めてさらに鉄道で移動する人が出れば、渋滞が緩和されて自動車の費用が相対的に低くなるので、鉄道よりも自動車を選択する人が出る。その結果、自動車の利用者はO_cO_e、鉄道の利用者がO_tO_eで値が均衡し、自動車を利用しても鉄道を利用しても、ちょうど同じ費用Pがかかるということになる。

ここで、渋滞対策として、道路の車線を拡幅する政策を採用し、鉄道のサービスは現状維持のままであれば、どうなるだろうか。道路が広くなった分、スムーズな通行で時間的なコストが下がるので、自動車の平均費用曲線は下方にシフトし、鉄道から自動車利用に移動手段を変更する人が現れる。そのとき、鉄道側は利用者が減るので、平均費用は上がり、その分が鉄道運賃に上乗せされたり、費用削減のために列車本数が減らされたりすることになる。そうなると、利用者にとって鉄道の費用が高くなっているので、最初は渋滞が緩和されて自動車に乗り換える人だけだったのが、たとえ以前と同じだけ渋滞しても、不便で高くなった鉄道よりもマシと、さらに自動車を選択する人が増える。この結果、最終的に、両者のコストが均衡するのは、E'となる。ここでのポイントは、鉄道利用者のコストが上昇しているので、実は自動車の利用者のコストも上昇し、皆が道路拡幅前よりも高い費用を払う、つまり社会全体が損をするということである。

もし、鉄道サービスの改善も行い、鉄道側の平均費用曲線も下方シフトさせれば、そうしたことにならない。そこで初めて道路拡幅の効果が出る。つまり、両者で整合性を取った政策が必要だということを示している。むろん、これは単純化された理論で、いくつかの前提条件を踏まえたものではあるが、昨今の日本の地方都市圏の道路と鉄道の状況をみると、現実に似たようなことが発生しているように思われる。

道路が公共事業として計画的に整備される一方、公共交通が原則民間事業に委ねられている日本では、道路整備と公共交通の間の整合性が取られているとはいえない。人口が増えて移動需要が伸びていた時期は、地方都市圏でも公共交通が民間事業として成立し、サービスの改善も進んだ。ダウンズ・トムソンのパラドックスが前提とする「移動総量が一定」という仮定が当てはまらず、上のような問題も起きにくかった。しかし、右肩上がりの時代が終わり、移動総量が伸びない中では、それぞれの施策の整合性を確認し、統合的な施策パッケージを組むことが求められる。

✝ジェボンズのパラドックスとリバウンド効果

一般にモノを生産するためにはエネルギーが必要である。これまでのものよりも効率のよい生産方法が登場すると、エネルギーが節約されることが期待される。ところが、実際には生産を増やし、かえって全体のエネルギー消費が増えてしまうことがある。一九世紀にイギリスの経済学者ジェボンズが『石炭問題』という著書で指摘した逆説で、彼は蒸気機関の効率と石炭の需要について着目していた。これを一般化すれば、一人当たり（単位当たり）の効率が上がると全体の需要が増えて、需要が増えた分が効率化の恩恵よりも大きくなることになる。現代でも同じようなことが起こり、環境経済学の分野ではこれをしばしば「リバウンド効果」と呼ぶ。

交通の世界でもこの「リバウンド効果」が観察されている。その代表例は、移動のための速度が速くなるほど人々が一日全体で移動に費やす時間が減るわけではなく、移動する距離が伸びるというものである。「道のり＝速さ×時間」というのは小学校で習う公式である。従来の費用便益分析では道のりが一定であることを前提にすれば、交通が速くなれば移動に費やす時間は減る、ということを大前提にしていた。確かに高速道路ができたりして移動速度が上がれば、同じ二地点間の所要時間は減る。しかし長い目で見ると、人間の生活の中で一定なのは実は移動に費やす時間（交通時間予算）であり、速くなればその分移動する距離（道のり）が増えることが知られている。[1] まさに移動距離が「リバウンド」することになる。

日常生活の中でも、「お菓子が四割引きで売られていたから、一個買おうと思っていたものを二個買ってしまった」というケースはよくある。同じように、燃料代が安くなったらどんどん車を使うことになり、かえってエネルギー消費が増えてしまう、ということも考えられる。電気自動車が普及すると、燃費（電費）がガソリンや軽油より相対的に安くなる可能性がある。けれども、それによって自動車の総走行距離が増えて、結果的に渋滞したり、電力消費が増えて追加の発電所が必要になったり、車がないと暮らせない町が増えてしまっては、持続可能性の観点からは元も子もない。このようなリバウンド効果を抑制するためにも、他の施策と組み合わせた施策のパッケージ化が必要なのである。

6　事業評価と財源確保

†費用対効果

日本で統合的な施策パッケージが採用されない背景には、予算が縦割りであることに加え、公共交通関連に対する予算の絶対額が小さいという問題がある。前節の記述を読んで、「わかっていても、お金がないからできない」と感じた行政関係者は多いかもしれない。日本の問題の根本に財源の問題があることは間違いない。施策の選定が、目指すビジョンを実現するものではなく、既存の予算の枠組みで可能なものということになってしまう。費用対効果の検証においても、交通まちづくりのように効果が短期間では明確に表れない場合、要する費用が小さいもの、費用を小さく切り詰められるものが選ばれてしまう。

ＳＵＭＰでは、財源は所与の制約条件ではない。第6章で述べたとおり、財源の特定は施策パッケージを決定するフェーズ3である。財源の特定自体が施策の一つといっていい。そして、費用対効果は個々の施策で検証するのではなく、「最も費用対効果の高い組み合わせを特定する」ことだとしている。パッケージとして相乗効果を発揮できるかが重要なのである。

また、日本の場合、費用対効果の検証方法として費用便益分析が重視されるが、ＳＵＭＰは貨幣換算できない効果を検証することの必要性にも言及している。そもそも、ＳＵＭＰは、効果を検証する大規模なモデルによるシミュレーションについて、一定の効果を認めつつも留保条件を付けている。ガイドラインによれば、「プロセス全体を通したプランナーの責任」とは、

・感度分析を行うこと。
・結果とともに限界も示すこと。

・唯一の数字を示すのではなく、結果に幅を持たせ、定性的な表現とすること。
・信頼できる範囲を超えた「ズームイン」は避けること。

である。費用対効果を考えるとき、費用便益分析から算出される費用便益比率（B／C）の結果に一喜一憂している日本は、施策の選定において、こうしたSUMPの記述を学ぶべきだと言える。

†財源確保

第3章でみたように、日本以外の国では、公共交通事業も基本的には公的資金を基礎に運営している。SUMPのように、施策の選定と同時に財源を特定するという議論は、日本とは事情が違うということで、端《はな》から否定されかねない。しかし、SUMPのガイドラインも、施策としての財源確保という観点で「自治体の予算以外の選択肢も検討しよう」といくつかの提案をしている。全体的な内容は第6章で述べているが、ここでは、日本が学ぶべき案として、料金収入の多様化と地方税を強調しておきたい。

まず料金収入については、日本の場合、運賃収入で一〇〇％カバーすることが原則だが、SUMPでは、料金収入を多様化する方法として、運賃収入以外に、駐車料金、都心特別料金、混雑料金などを並列して記述している。実際、ロンドンなどいくつかの都市では、都心の道路交通に対して混雑料金を課して自動車を減らす一方、自動車以外の交通手段の改善のための財源として、混雑料金収入を活用している。混雑料金は、以前のようにゲートを設けなくとも、車両登録によって簡単に課金することができるようになり、技術的な問題も少なくなっている。

ただし、第6章でも述べたとおり、車両登録による混雑料金の導入には、SUMPも「受容性やプライバシーに関する懸念」を指摘している。それに対し、SUMPは「比較的簡単に実施できる課金方式」として駐車管理を挙げている。欧州の諸都市では、郊外の駐車料金を低く抑え、パークアンドライド駐車場も無料や低価格とする一方、都心部の駐車場は、キャパシティを規制したうえで、料金を高く設定している。イギリスのノッティンガム市のように、都心部で従業員用駐車場を設置する企業に課税するところもある。ノッティンガム市の場合、LRTという魅力ある公共交通を導入する「プル」の施策と、課税という「プッシュ」の施策を組み合わせている。駐車場政策は、交通需要管理（TDM：Transportation Demand Management）の基本的な施策の一つでもあるが、日本ではこのような「プッシュ」型の駐車場政策があまり採られていない。それどころか、公共交通で買い物に行けば、運賃を支払わなければならないのに対し、自家用車で行って買い物をすれば、駐車場料金が無料になるというまったく逆効果をもたらすやり方が普及している。

地方都市のように、自家用車の利用が高い地域で、自家用車で来る顧客を優遇することは、個々の商店からみれば合理的な戦略といえるが、街全体としてみれば、結果的に渋滞、環境悪化をもたらし、公共交通を衰退させるということになる。そのためにも、地域づくり、まちづくりという観点から、モビリティ政策の一環として駐車場政策を組み込むことが求められている。

†交通税

公共交通等を整備するための目的税として、交通に関する課税を行うケースもある。フランスでは従業員十一人以上の事業所に、モビリティ税（二〇二一年に交通税から名称等を変更）が課されていることは、専門家の間ではよく知られている。フランスの場合、一般会計予算とモビリティ税を財源に、LRTをはじめとする各都市の公共交通整備を行ってきた。SUMPのガイドラインで言及されている地方税も、フランスの仕組みを意識したものと思われる。またオーストリアのウィーンでは似たような地方税として通称「地下鉄税」が雇用主に課せられている。この税は従業員の実際の勤務場所に対して週単位で課税されており、例えばウィーン市外の企業が市内で建設工事を受注した場合、そこで働く従業員の分は期間中課税される。地下鉄税と俗称されるが、地下鉄以外の公共交通にも用いられる。このほか、交通税よりも目的は広くなるが、ドイツでは日本のガソリン税収も含むエネルギー税収を特定財源として、道路のほか公共交通整備の財源としている。また、アメリカなどでは、交通の目的税として、日本の消費税にあたる売上税に地方税として上乗せするケースがある。例えばニューヨーク市とその周辺の都市圏では公共交通の目的税として市と州の売上税の合計である八・五%に〇・三七五%をさらに上乗せしている。ニューヨーク市はマンハッタン島内の駐車場料金に対しては特別に高い税率を適用しており、税率は一八・三七五%となっている。財源確保と、駐車容量のコントロールという「プッシュ」型の施策を組み合わせた例である。

　日本には、公共交通を目的とする税制はないが、近年、公共交通の財源として地方自治体が独自で、交通を目的とする税を導入する動きがある。滋賀県の税制審議会は、三日月《みかづき》大造《たいぞう》知事の諮問を受けて「地域公共交通を支えるための税制」の検討を答申した。そこでは、地域公共交通の存在が「単にその利用者のみならず、県全体の社会・経済の基盤であり、産業や観光の振興にもつながる[2]」と、地域公共交通の受益者が広く地域全体だということを述べ、答申を受けて県は、目的税としての交通税導入の検討を進めている。

　モビリティを支える地域公共交通の便益は、現時点の利用者だけに帰着するものではない。今は自家用車を使う人も、わが子の通学で公共交通が必要になるかもしれない。歳を取って自家用車が使えなくなったときには、公共交通に頼ることになる。いつでも利用できるという選択肢があるメリット（オプション効果）の受益者は地域全体であり、地域全体で広く薄く公共交通に関する費用を負担するというのは理にかなっている。

ただし、こうした財源を何に使うのか、当然、ビジョンが共有され目的が明確でなければならない。滋賀県は、交通税の検討と並行して「滋賀地域交通ビジョン」を策定し、二〇二四年三月に公表した。ＳＵＭＰの考え方でいえば、まずビジョンを決めて、そのための施策とともに財源を検討するところであるが、公共交通関連の財源手当てが、国も含めて動かない中、地域を担う地方自治体から、税という形の財源論を提起したことは、大きな意味がある。日本各地で、ＳＵＭＰが示唆する財源論を学び、具体的な施策として展開されることを期待したい。

1　旅行時間支出が一定であるということを突き止めた一人は、ウィーン工科大のヘルマン・クノフラッハー教授で、例えば、日本語の文献としてはクノフラッハー・家田（二〇〇八）が参考になる。

2　滋賀県税制審議会（二〇二二）「地域公共交通を支えるための税制の導入可能性について（答申）」滋賀県税制審議会第三号、令和四年（二〇二二年）四月二〇日。

第8章　日本の課題と戦略――豊かな未来に向けて

日本の政策は、持続可能な地域・社会を目指しているのであろうか。人口減少、高齢化が、地方圏を中心に想定以上に進む中で、この国は持続可能なのだろうか。この大きな問いに真正面から答えることは筆者らの能力を超えるが、本書は、経済活動や社会生活の基盤である交通という側面から、環境もふくめた持続可能性とその可能性を考え、さらに欧州の交通まちづくりの動きを捉え、日本の進むべき方向と採るべき施策を考えてきた。

本書で述べてきたとおり、持続可能な状態とは、社会、経済、環境の三つの側面で、地域や社会、国、ひいては地球全体の機能が将来にわたって継続し、後世の人も、現在あるいはそれ以上の生活の質（QOL）を享受できることを意味する。日本の地方圏では、中心市街地が衰退しているとはいえ、郊外型の商業施設はにぎわいを見せており、地域の人がそれなりの生活の質を感じていることも確かである。巨大な施設の中に、魅力的な店舗が並ぶウォーカブルな空間を形作っているともいえる。けれども、自家用車でのアクセスを基本とした郊外に広がる都市は、クルマがなければ暮らせないと形容される過度な自動車依存をもたらした。そのような社会は、すでにおよそ三〇年も前にOECDが指摘しているように環境面で持続可能ではない。そのうえに、歴史と伝統を持つ都市と日常生活が乖離したまちづくりであり、自動車以外の移動の選択肢も奪うことで、結果的に生活の質を低下させているというのが筆者らの考えである。繰り返し述べてきたが、今の日本の交通計画で語られる「持続可能な交通」は、単なる交通事業や路線の維持を目指すもので、本来の「持続可能」という言葉の意味からかけ離れている。政策を誤った方向にミスリードする用語の使い方だと言わざるを得ない。

　ただし、問題点は明確である。発想を変えれば、人口減少、高齢化という状況の下でも、持続可能な豊かな地域を作るためのソリューションを提示できそうだ。そのときの指針がSUMPであり、すでに、具体的に学ぶべき点も整理した。第1章でも述べたが、日本の地方都市でも、交通まちづくりの動きが実を結び始めているところもある。そこで、本章では、個別の施策よりも、より大きな視点から日本の課題を考え、豊かな未来に向けた戦略を考える。

1　持続可能性を交通まちづくりの目的に

†評価軸を見直す

本書で繰り返し述べてきたとおり、交通、モビリティは交通事業単体の問題ではなく、まちづくり全体に関わる。現在の地域公共交通計画で重視されている指標は事業の収支率であるが、自社の利潤最大化を目指す民間事業と、まちづくりの観点からモビリティ計画全体を策定する公的主体では、評価軸は異なるはずである。しかしながら、公的主体が、民間事業と同じ従前と変わらぬ評価軸でモビリティ計画を策定したのでは、事態は変わらない。持続可能な社会を構築するという目標を達成するためには、公的主体、そして私たち自身の評価軸を変えていく必要がある。

ここでいう評価軸とは、事業収支の問題だけではない。交通やモビリティの分野には、以前の評価軸がそのまま社会全体に染みついていることがある。筆者の一人、宇都宮は高度経済成長期に子ども時代を過ごしたが、通学路で国道を渡る歩道橋ができたときは、子ども心に嬉しく、親も大変喜んでいた。子どもにとっての安全、道路交通の円滑化など、それ自体は、その時代の社会全体の便益を向上させたに違いない。

一方、オーストリアに在住する筆者の柴山は、数年前に、当地の研究者や学生とともに日本の視察旅行を行ったが、そのとき、路面電車の電停に設置された歩道橋が議論になった。持続可能な交通を実現していく観点からは、こんにち優先すべきは歩行者や路面電車の利用者の動線であり、自動車が地面をスイスイ走るのに歩行者や公共交通の利用者に階段での上下移動という「苦労」をかけるのはおかしいというわけである。

確かに、日本でも、高齢化とともに上下移動が困難な人が増える中、歩道橋そのものはかなり減ってきた。とはいえ、歩車分離で歩行者の安全を確保するという発想の下、駅前のバスターミナルなどで、今なおペデストリアンデッキと称する歩道橋は多い。自動車の速度を自然に抑制する街路設計を取り入れつつ、平面交差の横断歩道で渡るようにするなど、別の方法もあるが、行政も住民自身も、自動車のスムーズな通行を最優先するという評価軸をなかなか変えられない。

現在の日本における評価軸が持続可能性という観点から適切なものか、改めて問い直してみる必要がある。ペデストリアンデッキに関していえば、高架駅から直結しているので、決して歩行者をいじめるものではないという反論もありそうだが、バス停の島ごとにエレベータを並べればバリアフリーということなのだろうか。何カ所でもエレベータを使わないと駅から外に出られないのは、車いすの利用者やベビーカーを押す人、スーツケースのような大きな荷物を持つ人には、実はバリアだらけなのではないだろうか。それによって外出を心理的に阻害してはいないだろうか。さらに、ペデストリアンデッキによって、駅前の商店街とバス停の間にも大きなバリアができる。結局、駅前の商店街自体が寂れてしまうことにならないだろうか。

駅舎を、線路をまたぐタイプの橋上駅にすると、駅前広場に平面的に直結したホームも、そのまま駅前に出られず、上下移動が必要となる。改札の集約化は図れるし駅の両側を結ぶ自由通路も設置できるかもしれないが、それによって実は、駅前から直感的な動線でホームまでたどり着くことができた多くの利用者には新たな不便を強いてはいないだろうか。

評価軸を見直すというのは、単なる思いつきで新たな評価軸を導入することを意味するのではない。このような素朴な疑問からスタートして、エビデンスを科学的に分析することが肝心である。第7章で述べたEBPMのひとつでもある。

「公共交通は赤字を出してはいけない」という右肩上がりの時代の常識が、今となってみると持続可能性の観点からは必ずしも通用しないのも、これまで当たり前とされてきた目的や評価軸が、持続可能な社会づくりという観点から変わりつつある一例である。

†バックキャスティングで評価軸は変わる

評価軸の大きな変化の例がこれまでにまったくなかったわけではない。交通に関わる身近な例では自動車のクラクションの使い方がある。自動車の運転の際には、何か危ないと思うことがあると、あるいは単に交差点に近づいただけでも、すぐにクラクションを鳴らすのが当たり前であった。発展途上国では今も頻繁にクラクションを鳴らすところが多い。これは典型的な車優先の発想だが、皆がクラクションを頻繁に鳴らしていては何よりうるさい。沿道の住民にとっては騒音公害である。こうした問題を経験したのちに交通ルールが改められ、クラクションを使ってよい場面はかなり抑制的になった。自動車教習所でも習うので、今ではすっかり当たり前だが、時代とともに考え方や優先事項が変革した一例である。

このように社会は変わることができるわけで、交通まちづくりの世界でも、目的や評価軸の変革が求められている。その際に有用なのが、SUMPのバックキャスティング・アプローチである。第7章で述べたとおり、日本の場合、渋滞対策が典型的だが「目の前の問題をどう解決するか？」という点に主眼を置いた「問題解決型」の交通政策が中心であった。しかし、持続可能な社会づくりの目的は、第4章、第5章で詳しくみたとおり、都市や地域、日本全体、ひいては地球全体の環境・社会・経済が将来にわたって持続可能になるようにすること、つまり今生きる世代や将来生きる世代が高い水準の生活の質を保ちつづけられるようにすることである。持続可能性という観点から、「将来の目標をどのように達成するか？」という「目的からの逆算型」に切り替えることが、日本の交通政策に求められている。その目的がしっかりしていれば、それによって評価軸も見直されるはずである。

2　公と民の役割分担の見直し

†「市場の失敗」の是正

道路は行政が責任を持ち税金を投じて整備し維持管理もするが、公共交通の運営は基本的に民間の会社が黒字を目指す営利事業として行う――これが日本では長らくの間当たり前とされてきた。日本の場合、戦後の高度経済成長期からバブル期に至る右肩上がりの時代、大都市圏のみならず、地方圏も、公共交通事業がビジネスとして成立した。第5章で見たとおり、自動車の普及率は今の半分以下で、先に述べた郊外型の商業開発も今のように大規模に行われてはいなかった時代の話である。しかし、交通市場は、経済学の教科書的にいえば、市場原理が機能せず「市場が失敗」する。つまり何らかの公的介入が避けられない分野である。典型的な事象は、「外部効果」と呼ばれる現象である。鉄道ならば、鉄道事業者や利用者だけではなく、鉄道の存在自体がその地域全体に影響をもたらす。バスにも同様のことが言える。単に一事業者が利益を追求するように動くだけでは、社会全体でみると最適な状態にはならない。自家用車の場合であれば、皆が運転することで生じる渋滞や環境悪化、交通事故などは、個々の運転者に直接費用としてかからないが、社会全体にはマイナスの外部効果を及ぼし、「外部不経済」と呼ばれる。

日本においても、交通市場は一定の規制がある。公共交通の事業者は、運賃を自由に決めることができないし、厳格な安全規則もある。ただ、日本の民間の公共交通事業者は、不動産事業などを兼営し、交通事業がもたらす外部効果を内部化することで、収益を拡大させ、大都市圏では事業者間の競争もあって、質の高い公共交通サービスを提供してきた。そうした経緯もあって、日本では、公共交通といえども営利事業が基本とされ、収支が合わない路線は「赤字」として、あたかも無駄な存在という扱いが定着したと言える。

右肩上がりの時代が終わる一方で自動車の数は大幅に増え、地方圏では運賃収入が費用に見合わなくなるようになった。バス路線の廃止が進んだ地域では、行政がコミュニティバスを運行するといった施策も取られるようになったが、コミュニティバスは、高齢者を対象とするケースが多く、その多くがシビルミニマムの範囲を出ない。地方都市圏の公共交通サービスの衰退は、自家用車への過度な依存と地域の衰退という悪循環に陥り、そこから抜け出せていない。そして、コロナ禍を経て、それ以前、何とか事業者の内部補助でサービスを維持してきた路線も、減便や廃止が続いている。

そうした中、政府は二〇二二年の地域交通法の改正で、「官民の共創」をキイワードに、民間事業を基本としていた公共交通事業に行政が一定の責任を持つという方向性を打ち出した。自助に加え、公助、共助という点も強調されている。

それでは、日本の交通計画が、このままでも欧州のSUMPのように、持続可能な地域社会を構築するものに変化していくだろうか。第6章でみたとおり、日本の現状はSUMPが目指す姿からはほど遠い。コロナ禍を経て、「赤字」の路線を「持続可能な交通」という言葉の下、とりあえずなんらかの形の「足」をどうにか確保するという対症療法に追われているからである。豊かな地域社会を構築するための社会インフラへの投資という形になっていない。

公共交通は、シビルミニマムとして人々の移動を保障するという役割とは別に、それなりの人口集積がある地方都市圏などで、一定の輸送を担い、自家用車に過度に依存した社会で生じる渋滞や環境悪化、交通事故などの外部不経済を除去し、社会全体のより良い状態にする機能がある。[1] また、公共交通だけではなく、自転車や徒歩、そして道路まで、広くモビリティの政策を展開することで、はじめて本来の意味での持続可能な交通社会が出来上がる。自転車や徒歩、道路の政策は日本でも行政が担うが、公共交通も「事業」という枠組みを超えて、市場の失敗を是正し、本来の意味で持続可能な望ましい姿を実現しなければならない。

†PSO（公共サービス義務）の導入

上記のような意味で、筆者らは、日本の都市・地域公共交通の運営にあたっては、大都市圏の一部を除き、従前の商業輸送という考え方を改め、公共サービスという位置づけに根本的に修正していく必要があると考えている。民間バスが撤退した地域のコミュニティバスはすでに公共サービスとして公的に提供されているが、こうした方法を、例外的な措置ではなく、基本に据えることである。

その際、SUMPガイドラインに示されたとおり、計画づくりの段階で、市民、ステークホルダーも含め、地域／まちの将来のビジョンを共有し、その下で公共交通のサービス水準を公的に決定することである。欧州では、公共交通のために第3章で述べたPSO

（公共サービス義務）契約という公共調達制度が確立している。そこでは、行政側が鉄道会社やバス会社に対して、行政が定める通りの公共サービスの供給を義務づける一方で、公的資金を提供する契約を結ぶことで、地域の公共交通のサービス水準を確保する。この制度があることで、公共交通に対して、一般のビジネスのような運賃収入と経費だけを考えた事業としての収支均衡を求めるのではなく、持続可能な都市や地域を作るための社会の装置として位置づけ、道路と同じように公的な財源から必要な投資を行うしくみである。入札等の制度を取り入れて公共交通サービスの運行そのものは民間事業者が行うことで、民間によるサービスの創意工夫も可能になるし、行政が直営することによる非効率も回避できる。また、労働条件を改善するために必要な経費も一定程度公的な負担が可能になり、深刻化している労働力不足の解消も容易になる。

むろん、公共調達による入札、契約という手順は、一定の事務コストがかかる。また行政にも公共交通のさまざまな面に対する専門性が要求される。しかし、欧州では行政の中に専門組織を設けることで政策づくりから運営まで一貫して専門性の高い業務を可能としつつ、契約書や評価手法が標準化され、公共調達自体の事務コストは大きな問題とはならなくなっている。また、契約途中で、コロナ禍のような予想外の状況に直面することもあり得るが、その場合は発注側である公の責任として処理され、民間事業がそうした被害の負担を背負うことはない。コロナ禍で、日本の公共交通サービスが一段と縮小を余儀なくされたが、そうしたことも予防できるし、欧州ではそのような縮小は起きていない。

なお、欧州のPSO契約は、従前、行政が直接運営していた公共交通を、サービス水準の改善を図るべく、民間事業者が運行サービスに参加できるしくみとして確立してきた経緯がある。これに対し、日本は商業輸送であった公共交通を公共サービスにするということで、この三〇年余りの「官から民へ」という流れに逆行する印象を持たれる人もいるかもしれない。確かに以前よりも、行政の役割と責任は大きくなる。

ただ、現状では、民間事業が収支という面で力を発揮できない部分を、公が一定の役割を果たすことで、民間事業としてもより魅力的な市場となるということは念を押しておきたい。日本の交通事業者が本来持つ力を発揮できるしくみでもある。日本の優れた事業者であれば、目標を個々の利益とは別の基準、例えばサービスの品質に設定すれば、その目標実現に向けた力を発揮するであろう。

さらに、筆者の研究では（Shibayama, 2020）、公共交通をPSO契約を通して公共サービスとして位置づけるほうが、自治体の直営や商業輸送の形態を採るよりも、持続可能性の目標の達成に向けて公共交通がより積極的な役割を果たし、さらに当該目標が達成されやすいことが示唆されている。その意味でも、行政の役割と責任を大きくすることは理にかなっている。

†「民から公へ」のイギリスも手本に

欧州の中で、日本のような商業輸送をベースとしているのがイギリスのバス市場である。イギリスは大陸欧州と異なり、一九八六年、ロンドン以外のバスは完全自由化が実施された。ただし、その結果は、頻繁な参入退出とダイヤ、運賃の変更などにより、むしろ混乱をきたし、バス市場は活性化するどころか衰退したという評価が一般的である。今では民間バス事業者も集約されているが、基本的には個々の会社によって路線や運賃は異なり、使い勝手は良くない。

そうした中、イギリス中部のマンチェスター都市圏は、民間が担っていたバス事業のうち、路線策定や運賃設定などを公的機関であるグレーターマンチェスター交通局（Transport for Greater Manchester）の役割とし、民間事業者は、公の発注を入札で受託するフランチャイズ制へ切り替えを開始した。二〇二一年に改訂されたマンチェスター版SUMP[2]において明示された統合的交通システムに向けた施策である。具体的にはエリアを三つに分け、二〇二五年一月に完全移行する計画である。ロンドンでは以前より、フランチャイズ制を採用していたが、それ以外の都市では初めてで、これは、二〇一七年のバスサービス法の改正によって可能になった。

フランチャイズ制はPSO契約の一形態であるが、今後受託するバス会社は、マンチェスター都市圏のまちづくりの理念に沿うことが求められる。グレーターマンチェスター交通局は、同都市圏にメトロリンクというLRTを導入しており、こちらの計画策定等は、運行事業者ではなく交通局が担っている。グレーターマンチェスター交通局は、バスのサービスをLRTに統合する方針で、現在は事業者毎にばらばらのバスのカラーを、LRTと同じイエローに塗り替え、蜜蜂（ビー）のマークがついたビーネットワークとして高水準のサービスを提供する予定である。マンチェスターは産業革命発祥の地として知られるが、蜜蜂は勤勉なマンチェスター市民も象徴するシンボルだという。

ちなみに、マンチェスター都市圏の公共交通水準の目標は、人口の九割が、四〇〇m以内のLRT電停もしくはバス停で、一二分間隔のサービスが受けられるというものである。また、ビーネットワークには、イギリス最長となる計一八〇〇マイル（約二九〇〇キロ）の自転車道＋歩道も含まれており、一〇年間で整備することになっている。

バスサービス法の改正の下、フランチャイズ制への移行は、他の都市圏でも検討が開始されており、リバプール、ケンブリッジシャーが次の候補だという。日本も地域交通法によって、エリア一括方式で契約するという制度的な枠組みはできあがったが、従前の補助制度をまとめる程度ではあまり意味をなさない。住民も含め関係者が参画して、地域全体のモビリティという観点からサービス水準を決定し、交通事業者がその下で効率的で質の高い運行サービスを提供するというしくみを作り上げる必要がある。そしてこれはまさに、バックキャスティング・アプローチでの政策作りを可能にする方法なのである。

3 戦略の策定に向けた知恵の結集

†STO

海外からの旅行者や視察者には、日本の公共交通は総じて評判が良い。大都市圏における鉄道ネットワークの発達に加え、時間が正確で清潔、サービス水準が高いといったところが一般的な評価だ。地方になると駅員が不在であったり、列車やバスの本数がなかったりと問題は多いが、それでも現場で働く人たちの士気は高い。ワンマン化された列車でもバスでも丁寧なサービスを心掛け、駅員がいない駅では、特急列車であっても車掌が走って切符の回収に当たる。海外を経験した筆者たちも、日本の現場のプロフェッショナリズムに畏敬の念を禁じ得ない。

	（決定すべきこと）
戦略 (Strategy) 〜何を達成したいのか （5年）	・交通政策、市場シェア、収益 ・地域、ターゲットグループ、モード間調整
戦術 (Tactics) 〜目標達成のために どのようなサービスがよいのか （1〜2年）	・具体的なサービス内容 …車両、路線、時刻表、運賃 …イメージ …付加的サービス
運行 (Operation) 〜どのようにしてサービスを 提供するのか（1〜6か月）	・営業 ・広報 ・生産管理 …設備、車両人員

図８−１　ＳＴＯフレームワーク（公共交通計画・管理のための枠組み）
注）van de Velde（1999）'Organisational forms and entrepreneurship in public transport Part 1: classifying organisational forms,' *Transport Policy* No.6 の Fig. 1 を参考に著作作成

しかし、日本の公共交通の場合、あまりにも現場力、つまりオペレータである事業者に頼りすぎているのではないか。とりわけ現場を担う人たちは、人員不足の中で厳しい労働を求められている。

交通経済学者を中心に公共交通事業者、交通行政の専門家が世界中から集まり、一堂に会する通称「スレドボ会議」、正式には「陸上交通の所有と競争に関する国際会議[3]」において、参加者が共有する考え方に「STO」がある。「STO」とは、戦略（Strategy）、戦術（Tactics）、運行（Operation）の頭文字で、公共交通計画や管理を把握する枠組みとして、オランダの交通コンサルタントでデルフト工科大学のヴァンデヴェルデ氏が提唱したものである（図8-1）。

その意味するところは、次のようなものである。まず、最上位のSとは、「何を達成したいか」という戦略的な政策目標である。そこでは、交通政策だけでは

なく社会政策的な意味も含まれ、公共交通が占める交通手段分担率や収益目標などの一般的な目標のほか、公共交通の提供範囲やそこでの利用者のターゲットといった戦略も設定される。中間に位置するTは「戦略的な目標を達成するためにはどのようなサービスがよいか」という手段の設定であり、その手段を最も効果的に活用するための施策である。ヴァンデヴェルデは、具体例として、路線の設定や車両の調達から、時刻表や運賃体系の策定、イメージの提供の仕方などを提示している。そして、土台とも言うべきOは、日々の運行サービスの提供である。ここでは安全に人やモノを運ぶだけではなく、いかにして最も効率的にサービスを提供するかも重要となる。そのための車両や施設のやりくりや、人員の配置、利用者との情報交換など、さまざまな業務がある。

　これをSUMPの考え方と組み合わせると、図8-2のようにVSTOの四つになる。第6章で述べたように、SUMPの起点となるのはビジョン（V）、つまり「どんな将来を望むか」という点である。SUMPではここから目

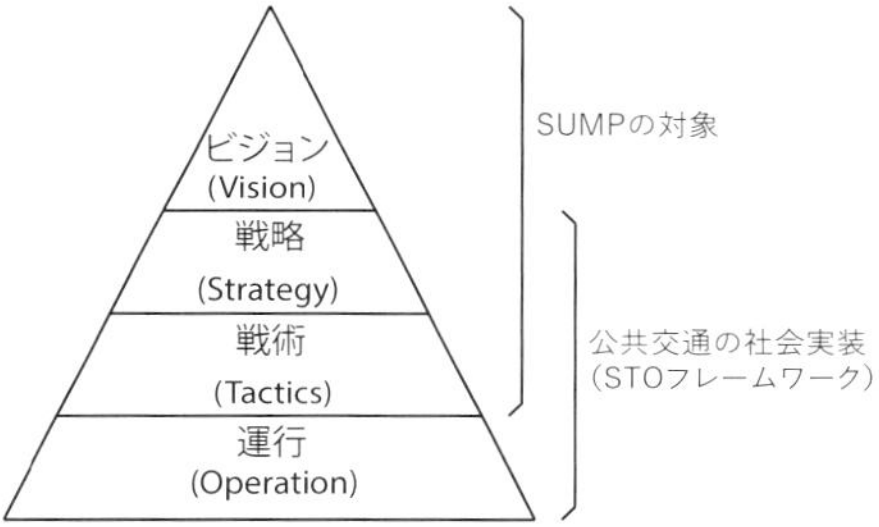

図8-2　VSTOの枠組み

的が導かれるわけだが、これは「いつまでに何を達成したいのか」という点で戦略であり、Sに対応する。SUMPでは目的を達成するために、さまざまな施策をパッケージ化して組み合わせるが、これはTの戦術そのものである。SUMPは政策をまとめる文書であるから、日々の運行にまでは言及しない。

ヴァンデヴェルデら欧米の専門家の問題意識は、民主的に決められたビジョンと、そこから導かれる目的、ないしはSという戦略の下で、TとO、つまり戦術と運行にどのように民間事業者が関わるか、という問題意識があった。STOの枠組みでは、さまざまな制度が考えられ、その一つがPSOによる公と民の契約という形式である。

†市民参画によるビジョンと戦略の策定

STOのフレームワークに日本のケースを当てはめると、民間事業者がオペレータとしてOだけではなく、Tのサービス水準の設定までを担うイメージとなる。そして、どのような社会にするかというビジョン（V）や、そこから導かれる目的（ないしは戦略S）は明確ではない。Oの一本足打法とでも呼びたくなる状況である。右肩上がりの時代には、将来の経済発展や経済的繁栄が暗黙のビジョンであり、そのための政策の目的や戦略も暗黙のうちに共有されていたといってもよい。

ここにいくつかの問題がある。右肩上がりの時代には暗黙に共有されていたビジョンや目的・戦略は、当然ながら今では通用しない。第4章で述べたように、将来にわたる経済的繁栄だけではなく、社会や環境の面でも持続的であることが求められる。結果として評価軸も多様化することになるが、ビジョンや目的・戦略を多角的な観点で明確にするには、市民も含めたさまざまなステークホルダーを巻き込んだ議論が欠かせない。

ところが、都市・地域交通政策の世界では、これまでビジョンや目的・戦略を多角的に議論してつくりあげるということをあまりしてこなかった。田中角栄の「日本列島改造論」や国土庁の「全国総合開発計画」など、中身はともかく、国土計画の分野ではそのような議論がまったくなかったわけではないが、主に全国レベルのものであり、また基本的には経済が右肩上がりの時代のものである。

「交通政策」で交通事業の持続にばかり焦点が置かれ、地域や社会をどのように持続可能にしていくかという視点が乏しいのは、こうしたビジョンや目的・戦略の議論が不在であることが原因ではないかと筆者らは考えている。本書で繰り返し述べてきたとおり、SUMPの肝であるビジョンの設定と、それに対応した目的の設定、そしてそこに向けたバックキャスティングの計画と統合的な施策が求められる。ただし、ビジョンの設定はしっかり議論する必要があるとはいえ、複雑なものである必要はない。

ここでも重要な点は、前節で述べた公の役割であるが、単に行政や専門家が方針を立てるだけでは機能しない。第3章でみたフォアアールベルクの例や、SUMPのガイドラインでも強調されている市民参画である。日本も欧州も民主主義という基盤がある。そうであれば、日本でも、もっと交通の問題に対して、住民が声を出していい。

これまで、日本では、水や空気のように、鉄道やバスは必ず来るものであった。過疎地ではすでに多くの課題が指摘されていて行政も対応してきたし、そのための制度が整えられてきた。しかし、この十年、とりわけコロナ禍以降、大都市圏も含めて公共交通全体がこれまでのサービスを維持できない状況になっている。

こうした中、日本にも新たな動きも出てきた。大阪府の富田林《とんだばやし》市では二〇二三年一二月、地元の公共交通を担っていた金剛バスの路線が廃止されたが、危機感を持った住民らの活動もあって、沿線四市町村が周辺のバス会社に委託する形で、廃止路線の約三分の二で運行継続している。また、同じ大阪のベッドタウンでもある奈良県の生駒《いこま》市でも、地元のバス会社が大幅な減便を打ち出し、市民が声を挙げることで、行政が当面の運行継続に向けた対応を取っている。[4] 第一章で述べた宇都宮ライトレールのケースも、単に新しい路面電車が行政の決定があって通ったというわけではなく、市民グループ「雷都レールとちぎ」による二〇年に及ぶボトムアップのビジョンづくりの活動もあった。

市民参画の仕方も工夫する余地はある。海外では、従来の会議室での住民説明会のような堅苦しい形式のものだけでなく、新たな方法が取り入れられている。例えば、ウィーンでは、ポスター大の市の地図に「楽しい思い出の場所には赤」「不安を感じた場所には青」といった具合に市民がシールをぺたぺた張っていく参加型のイベントがあったが、このような敷居の低い手法も立派な市民参画である。またアメリカで開発された「ストリートミックス」[5]のように、「こんな街路だったらいいな」という願望をマウスの操作で簡単に表現できるオンラインツールも登場しており、市民参画の敷居を下げている。筆者らが所属するウィーン工科大学の交通研究所にはオーストリア用にアレンジしたバージョン「ストリートチューナー」[6]を学生が作成して公開したものがあり、オーストリアでの市民参画でも実際に使われている。気軽な手法のメリットはもうひとつあり、従来の手法では難しかったサイレントマジョリティー（物言わぬ多数派）の声をしっかり拾ってビジョンづくりに反映させることができる。

道路の計画も交通の戦略に組み込む

ＳＴＯという枠組みは、Ｓという大きな戦略の下、主として公共交通の戦術、オペレーションのあり方に適用される。しかし、交通政策全体の戦略を考えるうえでは、徒歩や自転車というアクティブ交通が重要になる。第5章をはじめ、その都度触れてきたとおり、モビリティという点からは、徒歩は人間にとって最も基本的な交通手段であり、また自転車も人間の力だけでモビリティを実現する交通手段という意味で、持続可能性目標への貢献度合いが非常に高い交通手段である。

歩くことに関していえば、最近は「ウォーカビリティ」「ウォーカブルなまち」といった議論をしばしば見かけるようになった。国土交通省の助成対象となる施策にも「ウォーカブル推進都市」や「歩行者利便増進道路(ほこみち)」などが登場し、ウォーカビリティは一つのキイワードとなっている。ところが、いざそのふたを開けてみると、持続可能性の観点というよりも、「商店街の賑わい」のように、従来からの議論の看板をかけかえただけではないかと思うような例も多い。

「ウォーカブルである」というのは、本来的には歩きやすいこと・快適に歩けることであり、街中の商店街のにぎわいや屋外公共空間で人々がくつろぐ状態を示すわけではない。道路空間をより歩きやすくすることで、徒歩という交通手段をより使ってもらえるようにすることこそが、ウォーカブルなまちづくりである。ちなみに、英語には「バイカブル」という言葉があるが、バイカブルなまちづくりとは、自転車で同様のことを志向するまちづくりである。どちらの交通手段も燃料や電力など外部からのエネルギー導入なしに、人間自身のアクティブな動きだけで交通手段として成立するからこそ、これらの交通手段が環境面での持続可能性向上に寄与するのである。さらに第5章でみたように、経済や社会の持続可能性への寄与も大きい。しかも鉄道やバスなどの公共交通機関にとっては、徒歩や自転車はそこまでのアクセスを担保するという意味でなくてはならない交通手段である。

市民が、徒歩、自転車という手段を、今まで以上に使うためには、市内の道路ネットワーク全体がウォーカブル、バイカブルであることが必要である。一カ所の商店街をウォーカブルにしただけでは不十分だ。道路に関わる行政が、自動車交通をいかに円滑化するかという発想から、道路空間の質を高めることで、いかに快適に歩いてもらうか、自転車に乗ってもらうかという発想に転換していく必要がある。いわば量から質への転換である。「ほこみち」のような制度は、その意味では転換に向けた第一歩ではあるが、一点豪華主義的な使い方にせず、道路ネットワーク全体で歩きやすさや自転車の使いやすさを向上するよう使うことが重要である。SUMPの目指す統合的な政策には、公共交通だけではなく道路政策も含まれる。これらに関する知恵を結集して、社会全体の持続可能性につなげていくことができる。

†産官学の連携、人材の交流

ＳＴＯにおける戦略Ｓは、ＳＵＭＰにおいては目的と目標値に当たる。その基礎となるビジョン（Ｖ）の合意を得るためのシナリオの分析と、目標値の設定には相応の専門性が求められ、また、関係者の調整もそれなりの時間とスキルが必要となる。道路も公共交通も分析射程に入れ、エビデンスとなる分析を行おうとすれば、必要となる専門性も多様で広範なものとなる。

一方、戦略策定における市民参画の重要性を述べたが、日常生活や仕事がある市民、しかも多様な価値観を持つ市民の声を踏まえてビジョンや目的を作ることは容易ではない。行政官もこれらをすべて執り行うことはできない。ＳＵＭＰにおいても、この点が容易でないことを踏まえ、まずフェーズ１「準備と分析」のステップ１「作業体制の構築」、最初の段階のタスクとして、「ステークホルダーグループは特定したか」、「アクターの構成や関係性を分析したか」、「基本的なステークホルダー間の調整の方針は決まったか」という項目がチェックリストに並ぶ。

計画策定において、専門的かつ地道な作業プロセスを進めるためには、日本も欧州も、民間コンサルタントがそれなりの作業を担う。ただ、日本の問題点として、より中立的で最先端の専門性を持つ大学の研究者の参加が限定的だという点が気になる。日本の場合は、ある程度骨子ができあがった案を、審議会等で「学識経験者」と呼ばれる人たちがコメントする場合が多いが、本来は計画づくりが一つの研究になるぐらい深く関与するしくみが必要であろう。筆者らが所属するウィーン工科大学の交通研究所は、数多くの計画策定に、初期の段階から関与している。特にビジョンづくりと目標値設定の基礎となる地元からのエビデンスの収集と分析や、他所のエビデンスの適用可能性といった、政策・計画づくりの基礎となる部分を、自治体や地元のコンサルタントと協同して担うことが多い。まさに交通計画づくりでの産官学の連携である。

そして、日本で不十分だと感じるのは、行政官同士の情報交換、人材交流である。日本の場合、交通担当の行政官の人数が少なく、短期的な周期で異動となるという問題は、従前から指摘されている。そうした行政官の研修のしくみ、人事のあり方は当然課題であるが、筆者らは、そうした課題の一つの解決策として、さらなる情報交換、人事交流を提唱したい。SUMPの策定においては、他の都市の教訓をどのように活かすかという点も強調されている。ガイドラインの最後のフェーズ4のステップ12「レビューと次へ向けての学習」というところのタスクには、「他の都市に呼びかけ、情報の共有や交換を行おう。他の一〜二都市の関係者を招待して、半日程度の簡単なワークショップを開催し、教訓を互いに共有、交換、考察しよう」というきわめて具体的な記述がある。実はこれはヨーロッパでは比較的頻繁に行われている情報交換の手法である。幸い、日本でも交通まちづくりを進める自治体が徐々に出始めている。国土交通省もそうした動きを事例集にとりまとめているが、これからは各自治体の担当者が、単に事例集の一ページとして眺めるのではなく、関係する他の地域とより突っ込んだ情報交換、現場を見ながらの議論、そして人材交流によって力を結集する必要がある。

4　夢とビジョンをもってまちづくりを

持続可能性に向けた政策について、欧州の動きを見ていると、日本が学ぶべきところは多い。交通まちづくりだけで生活の質を高めることは容易なことではないが、日本の状態は右肩上がり時代のまま変わらずに続く考え方や制度に依る所が大きく、改めるべきポイントは明確である。高齢化、人口減少という決まり文句で思考停止しては前に進めない。しっかりと課題に取り組めば、新たな道が開かれる。

しかも、そうした取り組みは、個々人や企業に、苦渋の決断や苦難を強いるものではない。むしろ、個々人にとっては、移動の選択肢が増えてＱＯＬが高くなることは良いことである。企業の場合も、環境制約や社会的使命などを考慮することで、新たなビジネスチャンスにつなげていくことができる。一九七〇年代、日本製の自動車が当時のアメリカの厳しい環境規制を乗り越えたことが、世界市場における競争力の源泉となったことはよく知られている。

最後に筆者らが強調したいのは、個人も企業も、政治家も行政官も、地元の人もよそ者も、皆が「こうあったらいいな」という未来の姿を言葉に表してみることの重要性である。その「未来の姿」も、難しいものである必要はない。「車なしで暮らせる街」、「交通事故のない安全な街」、「快適に歩けるまちなか」――SNSで発信してもいいし、身近な人と語り合うのでもいい。オープンに議論することを通して、皆による都市や地域のビジョンが見えてくる。夢も広がる。

「はじめに」で述べた宇都宮市のLRT、ライトラインは、開業するまでには三〇年を要した。ほとんど路面電車を見たことがない住民の間では、新規の路面電車、それも新しいLRTを建設するということに対し、さまざまな議論があった。途中、政争の具ともなり、時間を費やしたことは事実だが、最終的に夢がかなったと思った人は多かったのではないか。最初の電車がタイフォンを鳴らしてゆっくりと動き始めたとき、涙が出てきたという声は少なくなかった。子どもたちが嬉々として電車を見つめ、老若男女、皆がにここしながら街を歩く姿は、多くの人が「想像しなかった」にぎわいを実現している。テレビアナウンサーは中継のときに、「幸せ空間」と呼んだ。

ビジョンはさまざまであろう。ただ単に「持続可能性」とお題目だけ並べるのではなく、皆が素朴にこうありたいと考える未来の姿を議論すること、そして、できない理由ではなく、それを実現するための手順を計画し、実行することが求められる。

吉田松陰は、次の言葉を残した。

夢なき者に理想なし、
理想なき者に計画なし、
計画なき者に実行なし、
実行なき者に成功なし。
故に、
夢なき者に成功なし。

これからの日本のまちづくりの求められる核をあえて一言で示せば、「夢」なのではないか。

1　従来の日本の施策が過疎地のシビルミニマムに焦点が当てられ、地方都市圏がエアポケットになる中、筆者の一人、宇都宮も参加した運輸総合研究所（二〇二三）の「地域交通産業の基盤強化・事業革新に関する検討委員会〈提言〉」では、大都市圏A、過疎地Cとは別に、地方都市などその中間の地域をカテゴリーBとして切り出し、「現行制度での対応は限界」と問題提起をしている。

2　Greater Manchester Transport Strategy 2040。二〇一七年に公表され、二〇二一年に一部改訂された。なお、グレーターマンチェスターは、二〇一九年に欧州委員会よりSUMP賞を受賞している。

3　「スレドボ」とは一九八九年の第一回会議の開催されたオーストラリアの地名であり、これがそのまま会議の通称になった。

4　ただし、ここでもバスサービスが提供できるかどうかは事業収支にかかっており、生駒市は明確に、「収支の改善が見込めない場合は、いずれ路線の見直しや減便となってしまいます」と述べている。https://www.city.ikoma.lg.jp/0000032942.html

5　インターネットで無料で公開されており https://streetmix.net/ からアクセスできる。日本語でも提供されている。

6　ストリートチューナーは https://streettuner.fvv.tuwien.ac.at/ からアクセス可能。英語名の streetTUner はウィーン工科大学の略称 TU Wien とかけたネーミング。

あとがき

筆者の一人、柴山は二〇〇七年からウィーン工科大学に大学院生として留学し、その後研究者として同大学に勤めながら、現在もウィーンを拠点に活動をしている。留学して間もない頃だったと思う。「一日に三本だけ走り黒字を出す路線と、一時間おきに走るが赤字の路線のどちらが社会の役に立っているか」という趣旨の質問をされた。公共交通は黒字であるべきと日本で刷り込まれてきた筆者にすれば衝撃的な質問であったし、本書の読者の多くにとっても同様ではないだろうか。考えてみれば、社会の役に立っているのは後者で、持続可能でインクルーシブな社会づくりに役立つのも後者である。しかも、欧州ではどう見ても黒字など出せそうもない充実した公共交通が現にあちこちに存在している。その赤字分を公費で賄うにはどのように政策を組み立てているのか。お金を出す以外に、欧州の行政はどんなことをしているのか。

こうした疑問に対する答えは、徐々に見えてきたが、それとタイミングを合わせるかのようにＳＵＭＰの最初のガイドラインに向けた議論が進んだ。ガイドライン初版が発刊されたのが二〇一三年である。第2章と第3章で詳しく紹介したフォアアールベルク州の成果が目に見えるようになったのもちょうどこの頃で、訪れるたびに驚かされた。また、フォアアールベルクを範としつつ、他の地域や周辺の国々で、徒歩や自転車、公共交通サービスの変革に向けた議論が始まる様子も、同時に目の当たりにした。

一方、もう一人の筆者、宇都宮は二〇一七年にウィーン工科大学に客員教授として滞在しているとき、同大学で行われたＳＵＭＰのセミナーに参加して、ＳＵＭＰをはじめて知った。このセミナーは、これまでＳＵＭＰを策定したことのない中東欧の自治体向けに、欧州域内の地域間協力のためのＥＵの助成を得て行われたもので、柴山も講師として教壇に立った。茨城県で育った宇都宮は、日本の地方都市の衰退ぶりと欧州の元気な地方都市に大きな差を感じており、それまでにも交通まちづくりによる都市再生を提案してきた。ちくま新書の『地域再生の戦略』でも、欧州の動きを紹介したが、改めてＳＵＭＰを学び、通奏低音とも言うべき欧州の、そして広く普遍性のある考え方や実践が整理されていると感じた。

本書の構想が持ち上がったのは、ＳＵＭＰのガイドラインの日本語版全訳を、筆者らが監訳者としてまとめ、二〇二二年に刊行した時である。ただし、ガイドラインは実務の手引書という側面があり、なぜこのような内容になっているのか、日本での「常識」だけから読み解こうとすると理解が難しい。日本の交通まちづくりにSUMPからの学びを活かすためには、自然体で豊かなまちづくりを行っている欧州の事例を表面的に知るだけではなく、通底する持続可能性の概念を理解した上で、その背景にある考え方から紐解くことが必要だと筆者らは考えた。

最近、出羽守《でわのかみ》という言葉をよく耳にする。「海外では〜」のように、殊更、他所の事例や状況を引き合いに出す人を揶揄する俗語である。その意味では、本書の企図は「出羽守」そのものである。しかし、ともすると「ガラパゴス」とさえ呼ばれる日本の交通やモビリティを、持続可能性を高めて次世代につながるよう変革していくためには、すなおに学ぶべきことが多いと筆者らは強く感じている。本書を通じて、筆者らの思いを読者に少しでも伝えることができれば幸いである。

本書の企画が具体化したのち、筆者らは、それぞれ章単位で分担して執筆を開始した。最初の草稿が完成した後は、インターネット上の共有ファイルで相互にアップデートを繰り返していくことで、原稿を完成させた。したがって、本書はあくまで二人の共同執筆であり、内容の責任も両者にある。

本書を完成させるにあたっては、多くの方にお世話になった。一人一人、お名前を挙げて感謝をしたいところだが、紙幅の関係でお許しいただきたい。ただ、SUMPガイドラインの翻訳を実現しただけでなく、本書の執筆を勧めてくださった地域公共交通総合研究所の小嶋光信代表理事と町田敏章専務理事、筆者の一人柴山の学生時代の恩師である家田仁理事（政策研究大学院大学特別教授）には御礼を申し上げなければならない。また、文献や資料の紹介にあたり、筑波大学の谷口守先生、元小山市技監の淺見知秀様には大変お世話になり、お名前を記しておきたい。最後に、新書としてより幅広くの学生から実務者まで届けたいという筆者らの意図に共感し、企画を採用していただいた筑摩書房の関係者の方々、特に本書の企画から完成まで担当編集者として辛抱強くサポートしてくださった松田健氏には、心から感謝の意を申し上げたい。

参考文献

本書の内容をより詳しく知るために

ＳＵＭＰガイドラインと付属資料

ＳＵＭＰガイドラインは二〇一九年発行の第二版の日本語への全訳、宇都宮浄人・柴山多佳児監訳（二〇二二）『持続可能な都市モビリティ計画の策定と実施のためのガイドライン第二版』薫風社（ISBN 978-4902055429）が刊行されている。全文がＰＤＦでも公開されており、下記、地域公共交通総合研究所のＵＲＬから入手できる。https://chikoken.org/information/sump/

また、ＳＵＭＰガイドラインの原文（英語）および各国語への翻訳は、下記の欧州連合のウェブサイト内にあるUrban Mobility ObservatoryのＳＵＭＰ関連ページにあるSUMP Guidelines and Decision Makers SummaryからＰＤＦでダウンロードできる。https://urban-mobility-observatory.transport.ec.europa.eu/sustainable-urban-mobility-plans_en

同ページのExpert corner: SUMP reference materialsには、ＳＵＭＰガイドラインを補完するテーマ別のさまざまな英語のガイドラインが公開されている。

SUMPガイドラインの基礎となった文献

以下の「主な参考文献」に挙げた書籍や論文のうち、SUMPガイドラインの基礎となった各種の英語文献は、背景となる考え方や知見の理解に役立つ。Banister（2008）は持続可能な交通とモビリティについてパラダイムの変化を包括的に論じているもので、特に重要な論文である。また、第7章で引用したOECD（1996）やOECD（2000）、OECD（2002）の一連のOECD（経済開発協力機構）の報告書群や、EUによる研究プロジェクトの報告書であるMay（2003）は、SUMPガイドラインの基礎となる考え方を整理した報告書として重要である。背景や簡単な通史なども含めた教科書的な書籍としては、Button and Hensher（2005）が参考となる。これらはいずれもオンラインでダウンロードできるか、電子書籍として入手できる。

主な参考文献

本書全体の参考とした文献

Banister, D.（2008）. The sustainable mobility paradigm. Transport Policy, 15, 73–80. doi:10.1016/j.tranpol.2007.10.005

Button, K. J. and Hensher, D.（Eds.）（2005）, Handbook of Transport Strategy, Policy and Institutions, Emerald Group Publishing Limited. ISBN: 978-0-0804-4115-3

May, A. D.（2003）, Developing Sustainable Urban Land Use and Transport Strategies - A Decision Maker's Guidebook. 2005 Revised Version. URL: https://www.tuwien.at/en/cee/

transport/planning/research/international-projects/completed-projects/plume
OECD (1996), Pollution Prevention and Control - Environmental Criteria for Sustainable Transport: Report on Phase 1 of the Project on Environmentally Sustainable Transport (EST). URL: https://one.oecd.org/document/OCDE/GD (96) 136/en/pdf.
OECD (2000), Environmentally Sustainable Transport - est! Guidelines. OECD Synthesis Project Report. Vienna.
OECD (2002), OECD Guidelines towards Environmentally Sustainable Transport, OECD Publishing, Paris, https://doi.org/10.1787/9789264199293-en

はじめに

宋健（二〇二二）「街の住みここちランキング２０２１〈総評レポート〉」大東建託賃貸未来研究所　https://www.kentaku.co.jp/miraiken/market/pdf/research/sumicoco/release_sumicoco2021_summary_20220420.pdf
Department for Transport, Local Government and Regions (1998), A new deal for transport: better for everyone（運輸省運輸政策局監訳〈一九九九〉『A New Deal for Transport: Better for Everyone——英国における新交通政策』運輸政策研究機構）

第1章

宇都宮浄人（二〇二〇）『地域公共交通の統合的政策』東洋経済新報社、ISBN 978-4492212431

田口清幸・宇都宮浄人（二〇二三）「学校統合を支えるひたちなか海浜鉄道――子どもの時間価値に関する調査を踏まえて」『運輸と経済』八三巻三号

許欣・谷口綾子（二〇一七）「日本の子どもの交通行動の変遷とその影響――幼少期の生活環境と成人後の大衆性に着目して」『土木計画学研究発表会・講演集』No. 55

藤井聡・谷口綾子・松村暢彦 編著（二〇一五）『モビリティをマネジメントする――コミュニケーションによる交通戦略』学芸出版社、ISBN 978-4761526016

第2章

柴山多佳児（二〇二三）「オーストリア・フォアアールベルク州の公共交通」『運輸と経済』八三巻六号

第3章

Amt der Vorarlberger Landesregierung, Sekretariat der Abteilung Raumplanung und Baurecht (2017), Vision Rheintal – 29 Gemeinden. Ein Lebensraum. http://www.vision-rheintal.at/

Martin Assmann, Wolfgang Ritsch, Reinhard Tötschinger, Sibylla Zech (2006), Vision Rheintal - Raum kommunizieren planen, ISBN 978-3-9502217-0-1

第4章

United Nations. (2015), Resolution adopted by the General Assembly on 25 September 2015 - Transforming our world: the 2030 Agenda for Sustainable Development.

United Nations. (2019), Sustainable Development Goals Knowledge Platform. URL: https://sustainabledevelopment.un.org/

Sterman, J. D. (2000), Business Dynamics: Systems Thinking and Modeling for a Complex World. McGraw-Hill/Irwin. ISBN 978-0072389159（枝廣淳子・小田理一郎訳〈二〇〇九〉『システム思考：複雑な問題の解決技法』東洋経済新報社、ISBN 978-4492532638）

Meadows, Donella H. (2008), Thinking in Systems: A Primer. Chelsea Green Publishing. ISBN 978-1603580557（枝廣淳子訳〈二〇一五〉『世界はシステムで動く——いま起きていることの本質をつかむ考え方』英治出版、ISBN 978-4862761804）

MIT Sloan School of Management. (n.d.), Fishbanks: A Renewable Resource Management Simulation. URL: https://mitsloan.mit.edu/teaching-resources-library/fishbanks-a-renewable-resource-management-simulation

System Dynamics Society. (n.d.), The Fish Banks Ltd. Game Developed by Dennis Meadows. URL: https://systemdynamics.org/products/fish-banks-game/

第5章

European Environment Agency.（2010）, Towards a resource-efficient transport system TERM 2009: indicators tracking transport and environment in the European Union. 978-92-9213-093-0. doi: 10.2800/40099

Sheller, M. and Urry, J.（2006）, The New Mobilities Paradigm. Environment and Planning A: Economy and Space, 38, 207–226. doi: 10.1068/a37268

Knoflacher, H.（1996）, Zur Harmonie von Stadt und Verkehr. Böhlau. Vienna. ISBN 978-3205985860

Knoflacher, H.（2001）, Landschaften ohne Autobahnen. Für eine zukunftsorientierte Verkehrsplanung. Böhlau. Vienna. ISBN 978-3205984368

第6章

太田勝敏（二〇〇八）「『交通まちづくり』の展開と課題、方向性」『IATSS Review（国際交通安全学会誌）』三三・二

Oldenburg, R.（1989）,The Great Good Place: Cafés, Coffee Shops, Bookstores, Bars, Hair Salons and Other Hangouts at the Heart of a Community, Da Capo Press. ISBN 978-1569246818（忠平美幸訳〈二〇一三〉『サードプレイス――コミュニティの核になる「とびきり居心地よい場所」』みすず書房、ISBN 978-4622077800）

堀江典子・萩原清子（二〇〇三）「多基準分析の今日的意義と課題」『総合都市研究』八二号、九三―一〇三

第7章

肥後洋平・宮木祐任・谷口守（二〇一三）「拠点の階層性に関する計画と実際――都市計画マスタープランに着目して」『不動産学会学術講演会論文集』29

谷口守（二〇一四）『入門 都市計画 都市の機能とまちづくりの考え方』森北出版、ISBN 978-4627452619

クノフラッハー、ヘルマン・家田仁（二〇〇八）「第九〇回運輸政策コロキウム・テーマ2 都市交通はどうあるべきか――特に公共交通とマイカーのあり方」『運輸政策研究』Vol.11 No.2

Emberger, G., Pfaffenbichler, P., Jaensirisak, S. and Timms, P. (2008), "Ideal" decision-making processes for transport planning: A comparison between Europe and South East Asia. Transport Policy, 15, 341-349. doi: 10.1016/j.tranpol.2008.12.009

Hiess, H. (2017), Entwicklung eines Umsetzungs-konzeptes für österreichweite ÖV-Güteklassen - Abschlussbericht. ÖREK-Partnerschaft "Plattform Raumordnung & Verkehr".

Stopher, P.R., Wilmot, C.G., Stecher, C. and Alsnih, R. (2006), "Household Travel Surveys: Proposed Standards and Guidelines", Stopher, P. and Stecher, C. (Ed.) Travel Survey Methods, Emerald Group Publishing Limited, Leeds, pp. 19-74. https://doi.

org/10.1108/9780080464015-002
Fellendorf, M., Herry, M., Karmasin, H., Klementschitz, R., Kohla, B., Meschik, M., Rehrl, K., Reiter, T., Sammer, G., Schneider, C., Sedlacek, N., Tomschy, R. and Wolf, E. (2011), Konzeptstudie Mobilidätsdaten Österreichs - Gesamtbericht. I. u. T. Bundesministerium für Verkehr. Vienna.

Shibayama, T. and Lemmerer, H. (2013), The role of ICT in travel data collection. TRI. Deliverable D4.2 of COMPASS, Co-funded by FP7. Edunburgh.

第8章

Bayliss, D. (2002), Review: Urban public transport competition. Public Transport International, 2002, 4-9.

UITP. (2015), Organisation and major players of short-distance public transport. UITP Focus Papers. Brussels.

van de Velde, D. M. (1999), Organizational forms and entrepreneurship in public transport Part 1: classifying organizational forms. Transport Policy, 6, 147-157.

Shibayama, T. (2020), Competence distribution and policy implementation efficiency towards sustainable urban transport: A comparative study. Research in Transportation Economics, 83. doi: 10.1016/j.retrec.2020.100939

ちくま新書
1824

持続《じぞく》可能《かのう》な交通《こうつう》まちづくり
——欧州《おうしゅう》の実践《じっせん》に学《まな》ぶ

二〇二四年一〇月一〇日　第一刷発行

著者　宇都宮浄人（うつのみや・きよひと）
柴山多佳児（しばやま・たける）

発行者　増田健史
発行所　株式会社 筑摩書房
東京都台東区蔵前二-五-三　郵便番号一一一-八七五五
電話番号〇三-五六八七-二六〇一（代表）
装幀者　間村俊一
印刷・製本　株式会社 精興社

Printed in Japan
ISBN978-4-480-07651-9 C0231

1129
地域再生の戦略
――「交通まちづくり」というアプローチ
宇都宮浄人
地方の衰退に伴い、鉄道やバスも消滅の危機にある。再生するためには「まち」と「公共交通」を一緒に変えるしかない。日本の最新事例をもとにその可能性を探る。

1775
商店街の復権
――歩いて楽しめるコミュニティ空間
広井良典編
コミュニティの拠点としての商店街に新たな注目が集まっている。国際比較の視点や公共政策の観点も盛り込み、未来の商店街のありようと再生の具体策を提起する。

800
コミュニティを問いなおす
――つながり・都市・日本社会の未来
広井良典
高度成長を支えた古い共同体が崩れ、個人の社会的孤立が深刻化する日本。人々の「つながり」をいかに築き直すかが最大の課題だ。幸福な生の基盤を根っこから問う。

1027
商店街再生の罠
――売りたいモノから、顧客がしたいコトへ
久繁哲之介
「大型店に客を奪われた」は幻想！　B級グルメ、商店街を利用しない公務員、ゆるキャラなど数々の事例から、商店街衰退の真実と再生策を導き出す一冊。

1112
駅をデザインする〈カラー新書〉
赤瀬達三
「出口は黄色、入口は緑」。シンプルかつ斬新なスタイルで日本の駅の案内を世界レベルに引き上げた第一人者が、豊富なカラー図版とともにデザイン思想の真髄を伝える。

1367
地方都市の持続可能性
――「東京ひとり勝ち」を超えて
田村秀
煮え切らない国の方針に翻弄されてきた全国の自治体。厳しい状況下で地域を盛り上げ、どうブランド力を高めるか。都市の盛衰や従来の議論を踏まえた生き残り策。

1100
地方消滅の罠
――「増田レポート」と人口減少社会の正体
山下祐介
「半数の市町村が消滅する」は嘘だ。「選択と集中」などという論理を振りかざし、地方を消滅させようとしているのは誰なのか。いま話題の増田レポートの虚妄を暴く。

ちくま新書

891
地下鉄は誰のものか
猪瀬直樹
東京メトロと都営地下鉄は一元化できる！ 利用者本位の改革に立ち上がった東京都副知事に、既得権益の壁が立ちはだかる。抵抗する国や東京メトロとの戦いの記録。

960
暴走する地方自治
田村秀
行革を旗印に怪気炎を上げる市長や知事、地域政党。だが自称改革派は矛盾だらけだ。幻想を振りまき混乱に拍車をかける彼らの政策を分析、地方自治を問いなおす！

1150
地方創生の正体
――なぜ地域政策は失敗するのか
山下祐介
金井利之
「地方創生」で国はいったい何をたくらみ、地方をどう支配しようとしているのか。気鋭の社会学者と行政学者が国策の罠を暴き出し、統治構造の病巣にメスを入れる。

1238
地方自治講義
今井照
地方自治の原理と歴史から、人口減少やコミュニティ、憲法問題など現在の課題までをわかりやすく解説。市民が自治体を使いこなすための、従来にない地方自治入門。

1310
行政学講義
――日本官僚制を解剖する
金井利之
我々はなぜ官僚支配から抜け出せないのか。政治主導はなぜ無効なのか。支配・外界・身内・権力の四つの切り口で行政の作動様式を解明する、これまでにない入門書。

1327
欧州ポピュリズム
――EU分断は避けられるか
庄司克宏
反移民、反グローバル化、反エリート、反リベラルが世界を席巻！ EUがポピュリズム危機に揺れる理由は、その統治機構と政策にあった。欧州政治の今がわかる！

1554
原発事故　自治体からの証言
今井照
自治総研編
福島第一原発事故発生、避難、そして復興――原発災害の過酷な状況下の自治体の対応を、当時の大熊町と浪江町の副町長の証言により再現する貴重なドキュメント。

ちくま新書

1575
コロナ対策禍の国と自治体
——災害行政の迷走と閉塞
金井利之
なぜコロナウイルス対策で、国対自治体の構図に象徴される非難応酬が起きるのか。民衆にとって行政のコロナ対策自体が災禍となっている苛政の現状を分析する。

1619
コロナ政策の費用対効果
原田泰
PCR検査、緊急事態宣言、医療提供、給付金や休業補償などをめぐるコロナ政策の費用対効果を数量的に分析。政策の当否を検証し、今後あるべき政策を提言する。

1761
情報公開が社会を変える
——調査報道記者の公文書道
日野行介
公文書と「個人メモ」の境界は？　電子メールも公開請求できる？　「不開示」がきたらどうする？　調査報道記者が教える、市民のための情報公開請求テクニック。

1802
検証　大阪維新の会
——「財政ポピュリズム」の正体
吉弘憲介
誰に手厚く、誰に冷たい政治か。「身を切る改革」、授業料無償化から都構想、万博、IR計画まで。印象論を排し、財政データから維新の「強さ」の裏側を読みとく。

606
持続可能な福祉社会
——「もうひとつの日本」の構想
広井良典
誰もが共通のスタートラインに立つにはどんな制度が必要か。個人の生活保障や分配の公正が実現され環境制約とも両立する、持続可能な福祉社会を具体的に構想する。

659
現代の貧困
——ワーキングプア／ホームレス／生活保護
岩田正美
貧困は人々の人格も、家族も、希望も、やすやすと打ち砕く。この国で今、そうした貧困に苦しむのは「不利な人々」ばかりだ。なぜ？　処方箋は？　をトータルに描く。

914
創造的福祉社会
——「成長」後の社会構想と人間・地域・価値
広井良典
経済成長を追求する時代は終焉を迎えた。「平等と持続可能性と効率性」の関係はどう再定義されるべきか。日本再生の社会像を、理念と政策とを結びつけ構想する。

ちくま新書

941
限界集落の真実
――過疎の村は消えるか？
山下祐介
「限界集落はどこも消滅寸前」は嘘である。危機を煽り立てるだけの報道や、カネによる解決に終始する政府の過疎対策の誤りを正し、真の地域再生とは何かを考える。

992
「豊かな地域」はどこがちがうのか
――地域間競争の時代
根本祐二
低成長・人口減少の続く今、地域間の「パイの奪いあい」が激化している。成長している地域は何がちがうのか？北海道から沖縄まで、11の成功地域の秘訣を解く。

995
東北発の震災論
――周辺から広域システムを考える
山下祐介
中心のために周辺がリスクを負う「広域システム」。その巨大で複雑な機構が原発問題や震災復興を困難に追い込んでいる現状を、気鋭の社会学者が現地から報告する。

1020
生活保護
――知られざる恐怖の現場
今野晴貴
高まる生活保護バッシング。その現場では、いったい何が起きているのか。自殺、餓死、孤立死……。追いつめられ、命までも奪われる「恐怖の現場」の真相に迫る。

1078
日本劣化論
笠井潔
白井聡
幼稚化した保守、アメリカと天皇、反知性主義の台頭、左右の迷走、日中衝突の末路……。戦後日本は一体どこまで堕ちていくのか？ 安易な議論に与せず徹底討論。

1090
反福祉論
――新時代のセーフティーネットを求めて
金菱清
大澤史伸
福祉に頼らずに生き生きと暮らす、生活困窮者やホームレス。制度に代わる保障を発達させてきた彼らの生活実践に学び、福祉の限界を超える新しい社会を構想する。

1094
東京都市計画の遺産
――防災・復興・オリンピック
越澤明
幾多の惨禍から何度も再生してきた東京。だが、インフラ未整備の地区は数多い。首都大地震、防災への備え、五輪へ向けた国際都市づくりなど、いま何が必要か？

ちくま新書

1113
日本の大課題 子どもの貧困
――社会的養護の現場から考える
池上彰編
格差が極まるいま、家庭で育つことができない子どもが増えている。児童養護施設の現場から、子どもの貧困についての実態をレポートし、課題と展望を明快にえがく。

1120
ルポ 居所不明児童
――消えた子どもたち
石川結貴
貧困、虐待、家庭崩壊などが原因で、少なくはない子どもたちの所在が不明になっている。この国で社会問題化しつつある「消えた子ども」を追う驚愕のレポート。

1125
ルポ 母子家庭
小林美希
夫からの度重なるDV、進展しない離婚調停、親子のギリギリの生活……。社会の矛盾が母と子を追い込んでいく。彼女たちの厳しい現実と生きる希望に迫る。

1151
地域再生入門
――寄りあいワークショップの力
山浦晴男
全国どこでも実施できる地域再生の切り札「寄りあいワークショップ」。住民全員が連帯感をもってアイデアを出しあい、地域を動かす方法と成功の秘訣を伝授する。

1153
解決! 空き家問題
中川寛子
過剰な住宅供給のツケで、いま顕在化する空き家問題。活用を阻む4要因と、打開策とは? 柔軟な発想で負の財産をお宝に転換。豊富な事例から活路を見いだす!

1168
「反戦・脱原発リベラル」はなぜ敗北するのか
浅羽通明
楽しくてかっこよく、一〇万人以上を集めたデモ。だが原発は再稼働し安保関連法も成立。なぜ勝てないのか? 勝ちたいリベラルのための真にラディカルな論争書!

1171
震災学入門
――死生観からの社会構想
金菱清
東日本大震災によって、災害への対応の常識は完全に覆された。科学的なリスク対策、心のケア、霊性、コミュニティ再建などを巡り、被災者本位の災害対策を訴える。

ちくま新書

1190
ふしぎな部落問題
角岡伸彦
もはや差別だけでは語りきれない。部落を特定する膨大なネット情報、過敏になりすぎる運動体、同和対策事業の死角。様々なねじれが発生する共同体の未来を探る。

1205
社会学講義
橋爪大三郎／佐藤郁哉／吉見俊哉
大澤真幸／若林幹夫／野田潤
社会学とはどういう学問なのか？　基本的な視点から説き起こし、テーマの見つけ方・深め方、フィールドワークの手法までを講義形式で丁寧に解説。入門書の決定版。

1233
ルポ 児童相談所
——一時保護所から考える子ども支援
慎泰俊
自ら住み込み、100人以上の関係者に取材し「一時保護所」の現状を浮かび上がらせ、課題解決策を探る。若き社会起業家による、社会的養護の未来への提言。

1235
これが答えだ！　少子化問題
赤川学
長年にわたり巨額の税金を投入しても一向に改善しない少子化問題。一体それはなぜか。少子化対策をめぐるパラドクスを明らかにし、この問題に決着をつける！

1253
ドキュメント 日本会議
藤生明
国内最大の右派・保守運動と言われる「日本会議」。改憲勢力の枢要な位置を占め、国政にも関与してきた。謎めいたこの組織を徹底取材、その実像に鋭く迫る！

1288
これからの日本、これからの教育
前川喜平
寺脇研
二人の元文部官僚が「加計学園」問題を再検証し、生涯学習やゆとり教育、高校無償化、夜間中学など一連の改革をめぐってとことん語り合う、希望の書！

1333-5
格差社会を生き抜く読書
【シリーズ ケアを考える】
佐藤優
池上和子
波瀾万丈な人生を歩んできた佐藤氏と、貧困の現実に詳しい臨床心理士の池上氏が、格差社会のリアルを語る。危機の時代を生き抜くための読書案内。

ちくま新書

1338
都心集中の真実
――東京23区町丁別人口から見える問題
三浦展
大久保1丁目では20歳の87％が外国人。東雲1丁目だけで子どもが2400人増加。中央区の女性未婚者増は男性の倍。どこで誰が増えたのか、町丁別に徹底分析！

1366
武器としての情報公開
――権力の「手の内」を見抜く
日下部聡
石原都知事（当時）の乱費や安保法制での憲法解釈の変更など公的な問題に情報公開制度を使って肉薄した毎日新聞記者が、その舞台裏を描き、制度の使い方を説く！

1371
アンダークラス
――新たな下層階級の出現
橋本健二
就業人口の15％が平均年収186万円。この階級の人々はどのように生きているのか？ 若年・中年、女性、高齢者とケースにあわせ、その実態を明らかにする。

1373
未来の再建
――暮らし・仕事・社会保障のグランドデザイン
井手英策
今野晴貴
藤田孝典
深まる貧困、苛酷な労働、分断される人々。現代日本の根本問題を抉剔し、誰もが生きる上で必要なベーシック・サービスの充実を提唱。未来を切り拓く渾身の書！

1401
大阪
――都市の記憶を掘り起こす
加藤政洋
梅田地下街の迷宮、ミナミの賑わい、2025年万博の舞台「夢洲」……気鋭の地理学者が街々を歩き、織田作之助らの作品を読み、思考し、この大都市の物語を語る。

1420
路地裏で考える
――世界の饒舌さに抵抗する拠点
平川克美
様々なところで限界を迎えている日本。これまでのシステムに背を向け、半径三百メートルで生きていくことを決めた市井の思想家がこれからの生き方を提示する。

1422
教育格差
――階層・地域・学歴
松岡亮二
親の学歴や居住地域など「生まれ」によって、子どもの学歴・未来は大きく変わる。本書は、就学前から高校まで教育格差を緻密に検証し、採るべき対策を提案する。

1433
ソーシャルワーカー
――「身近」を革命する人たち
井手英策／柏木一恵／加藤忠相／中島康晴
悲惨に立ち向かい、身近な社会を変革するソーシャルワーカー。人を雑に扱う社会から決別し、死ぬまで人間らしく生きられる社会へ向けて提言した入魂の書！

1445
コミュニティと都市の未来
――新しい共生の作法
吉原直樹
多様性を認め、軽やかに移動する人々によるコミュニティはいかにして成立するのか。新しい共生の作法が、既存の都市やコミュニティを変えていく可能性を探る。

1448
年金不安の正体
海老原嗣生
不満につけこみ、不公平を騒ぎ立て、制度が崩壊すると危機感を煽る。不安を利益に変える政治家や評論家、メディアのウソを暴き、問題の本質を明らかにしよう。

1489
障害者差別を問いなおす
荒井裕樹
「差別はいけない」。でも、なぜ「いけない」のかを言葉にする時、そこには独特の難しさがある。その理由を探るため差別されてきた人々の声を拾い上げる一冊。

1490
保育園に通えない子どもたち
――「無園児」という闇
可知悠子
保育園にも幼稚園にも通えない「無園児」の家庭に潜む闇を、丹念な研究と取材で明らかにした問題作。NPO法人フローレンス代表、駒崎弘樹氏との対談も収録。

1496
ルポ 技能実習生
澤田晃宏
どのように日本へやってきたか。なぜ失踪者が出るのか。働く彼らの夢や目標と帰国後の生活とは。国際的な人材獲得合戦を取材して、見えてきた労働市場の真実。

1520
水都　東京
――地形と歴史で読みとく下町・山の手・郊外
陣内秀信
隅田川が流れる下町から、凸凹地形が魅力的な山の手、さらに古代の記憶が随所にみられる郊外まで、川、海、濠、湧水などに着目して、水の都市・東京を描き出す。

ちくま新書

1540
飯舘村からの挑戦
――自然との共生をめざして
田尾陽一
コロナ禍の今こそ、自然と共生する暮らしが必要だ。福島県飯舘村の農民と協働し、ボランティアと研究者を結集してふくしま再生の活動をしてきた著者の活動記録。

1573
日本の農村
――農村社会学に見る東西南北
細谷昂
二十世紀初頭以来の農村社会学者の記録から、日本各地域の農村のあり方、家と村の歴史を再構成する。日本人が忘れ去ってしまいそうな列島の農村の原風景を探る。

1588
環境社会学入門
――持続可能な未来をつくる
長谷川公一
環境社会学とはどんな学問か。第一人者がみずからの研究史を振り返りつつ、その魅力と可能性を説き明かす。環境問題に関心をもつすべての人のための導きの書。

1602
地域学入門
山下祐介
近代化で見えなくなった地域の実像を、生態、社会、文化、歴史の側面からとらえ直す。限界集落や地方消滅問題に挑んできた気鋭の社会学者による地域学のすすめ。

1614
アーバニスト
――魅力ある都市の創生者たち
一般社団法人アーバニスト
中島直人
アーバニスト＝ある専門性を持った都市生活者こそが、今後の魅力ある都市づくりの鍵を握っている。概念の成立と変遷を歴史的に追いかけ、その現代像を描写する。

1620
東京五輪の大罪
――政府・電通・メディア・ＩＯＣ
本間龍
２０２１年猛暑のなか、多くの疑惑と世界的パンデミックでも強行された東京五輪。そこで明らかになった利益優先、政治利用、世論誘導やメディア支配の全貌とは。

1622
グローバリゼーション
――移動から現代を読みとく
伊豫谷登士翁
ヒト、モノ、カネが国境を越えて行き交う現代世界で、なぜ自国第一主義や排外主義が台頭するのか。グローバル化の根本原理を明らかにし、その逆説を解きほぐす。

ちくま新書

1654
裏横浜
――グレーな世界とその痕跡
八木澤高明
オシャレで洗練され都会的なイメージがある横浜。しかし、その背景には猥雑で混沌とした一面がある。欲望、野心、下心の吹き溜まりだった街の過去をさらけ出す。

1711
村の社会学
――日本の伝統的な人づきあいに学ぶ
鳥越皓之
日本の農村に息づくさまざまな知恵は、現代社会に多くのヒントを与えてくれる。社会学の視点からそのありようを分析し、村の伝統を未来に活かす途を提示する。

1716
よみがえる田園都市国家
――大平正芳、E・ハワード、柳田国男の構想
佐藤光
近代都市計画の祖・ハワードが提唱した田園都市は、柳田国男、大平正芳の田園都市国家構想へとどのように受け継がれてきたか。その知られざる系譜に光を当てる。

1786
大阪がすごい
――歩いて集めたなにわの底力
歯黒猛夫
古代から要衝であり続ける大阪を調べまくりました。産業の発展史からややこしい私鉄事情、住民気質、繁華街の成り立ちまで。魅力的な大阪をひもとく。

1797
町内会
――コミュニティからみる日本近代
玉野和志
加入率の低下や担い手の高齢化により、存続の危機に瀕する町内会。それは共助の伝統か、時代遅れの遺物か。コミュニティから日本社会の成り立ちを問いなおす。

1808
大阪・関西万博「失敗」の本質
松本創編著
理念がない、仕切り屋もいない、工事も進まない。なぜこんな事態のまま進んでしまったのか？　政治・建築・メディア・財政・歴史の観点から専門家が迫る。

902
日本農業の真実
生源寺眞一
わが国の農業は正念場を迎えている。いま大切なのは食と農の実態を冷静に問いなおすことだ。農業政策の第一人者が現状を分析し、近未来の日本農業を描き出す。

ちくま新書

1268
地域の力を引き出す企業
――グローバル・ニッチトップ企業が示す未来
細谷祐二
地方では、ニッチな分野で世界の頂点に立つ「GNT」企業の存在感が高まっている。その実態を紹介し、国や自治体の支援方法を探る。日本を救うヒントがここに！

1374
東京格差
――浮かぶ街・沈む街
中川寛子
「閑静な住宅街」「職住分離」「住みよい街」という発想はもはや時代遅れ。二極化する東京で、生きのこる街の条件は何か？ 豊富な事例も交えつつ具体策を探る。

1479
地域活性マーケティング
岩永洋平
地方の味方は誰か。どうすれば地域産品を開発、ブランド化できるのか。ふるさと納税にふるさとへの思いはあるか。地方が稼ぐ仕組みと戦略とは。

1526
統計で考える働き方の未来
坂本貴志
労働の実態、高齢化や格差など日本社会の現状、賃金や社会保障制度の変遷などを多くの統計をもとに分析し、そこから未来を予測。高齢者の働き方を考える。

1740
資本主義は私たちをなぜ幸せにしないのか
ナンシー・フレイザー
江口泰子訳
資本主義は私たちの生存基盤を食い物にすることで肥大化する矛盾に満ちたシステムである。世界的政治学者がそのメカニズムを根源から批判する。（解説・白井聡）

1781
日本の物流問題
――流通の危機と進化を読みとく
野口智雄
安くて早くて確実な、安心の物流は終わりつつある。戦後の発展史からボトルネックの正体、これから起こるブレークスルーまで、物流の来し方行く末を見通す一冊。

1564
新幹線100系物語
福原俊一
国鉄最後の「記憶に残る名車」新幹線100系。その設計開発・計画・運転・保守に打ち込んだ鉄道マンたちの思いと鉄道魂を、当時の関係者への綿密な取材をもとに伝える。